인종차별주의자와
대화하는 법

역사,

과학,

인종,

그리고

현실

인종차별주의자와 대화하는 법

2021년 6월 10일 초판 1쇄 펴냄

지은이 애덤 러더포드
옮긴이 황근하
편집 김수진
펴낸이 신길순

펴낸곳 (주)도서출판 삼인
전화 02-322-1845
팩스 02-322-1846
이메일 saminbooks@naver.com
등록 1996년 9월 16일 제25100-2012-000046호
주소 (03716) 서울시 서대문구 성산로 312 북산빌딩 1층

표지, 본문 디자인 끄레디자인
인쇄 수이북스
제책 은정

ISBN 978-89-6436-197-9 03300

값 15,000원

인종차별주의자와
대화하는 법

역사,
과학,
인종,
그리고
현실

애덤 러더포드 지음 | 황근하 옮김

삼인

차례

들어가며

1. 피부라는 문제

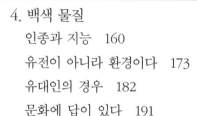

아난다, 벤, 제이크, 너대니얼,
그리고 나의 먼 형제자매들에게

"세상은 멋진 곳, 싸워 볼 만한 곳이다."

어니스트 헤밍웨이, 『누구를 위하여 종은 울리나』 중

용어에 대하여

이 책은 의도적으로 간략하게 만들어진 책으로, 나는 논점을 분명히 보여줄 수 있는 논쟁과 사례들만 선별했다. 나는 또한 역사적 응어리가 남아있는 용어들을 사용할 것이다. '흑인(Black)'이나 '동아시아인(East Asian)' 같은 용어들이 그 수십억 명 인구의 방대한 다양성을 지칭하는 과학적 용어로는 형편없다는 점을 인정하지만, 그럼에도 이 단어들을 사용할 것이다. 아이러니하게도, 우리가 일상 대화에서 이런 용어들의 의미를 대강 알고 있는 것과 달리, 과학적 분류상으로 이 용어들의 의미는 불분명할 수 있다. 이 책을 비롯해 광범위한 대중적 담론에서 쓰이는 의미론은 중요하며, 둘은 서로 영향을 미친다.

'흑인(Black)'과 '백인(White)', 나아가 이 책에서 언급되는 피부색은 전부 그것이 문화적인 맥락에서 특정 인종이나 집단을 의미할 경우 대문자로 표기했는데, 이는 단순히 표기상의 선택은 아니었다. 이것은 대문자 표기, 혹은 미표기가 모든 인종에 대한 동등한 존중을 강화, 또는 약화할 수 있다는 인식의 변화를 반영한 것이다. 그리고 이 책이 상당 부분 '인종'이라는 용어의 유효성에 대해 살피고는 있지만, 사람들이 과학적 유효성과 무관하게 그 용어를 받아들이고 사용한다는 점에서 나 역시 그 용어를 그대로 사용할 것이다.

'집단(population)'이나 '혈통(ancestry)', '핏줄(lineage)' 등은 모두 인간 진화와 다양성에 대한 논의가 점점 전문화되면서 더욱 자주 쓰이는 용어들이다. 또한 이 책은 상당 부분 서구 문화에서 비롯된 인종차별주의에 초점을 맞추고 있는데, 우선은 그게 내가 살아온 곳의 문화이기 때문이고, 그 다음은 우리가 현재 전 세계적으로 사용하고 있는 인종 개념이 유럽에서 탄생했으며, 유럽이 확장함에 따라 그리고 우리가 현재 알고 있는 과학과 계몽(Enlightenment)이라는 가치들이 출현함에 따라 문화 속에 각인되었기 때문이다.

나는 2020년 가을에 이 서문을 쓰고 있다. 올해가 아직 다 끝나지는 않았지만, 세상은 인종과 관련한 세계적 사건들로 두 배는 더 뒤흔들리고 있다. 대유행병은 물론 살아있는 모든 사람들에게 위협이지만 사망률에서는 격차가 드러나고, 백인 경찰이 조지 플로이드George Floyd의 목을 8분 46초간 짓눌러 침묵과 무게만으로 그를 죽음에 이르게 한 이후에는 경찰의 잔혹함에 대항하는 시위들이 곳곳에서 터져 나왔다. 좌절감, 비통함, 분노가 이 두 가지 사건에 대한 합당한 반응이리라.

이런 사건들이 충격적이기는 하지만, 이와 관련한 인종차별주의는 전혀 새로운 게 아니다. 인종, 인종차별주의, 혈통과 유전학에 관한 이슈들은 지난 몇 년 사이 대중의 의식 속에서 점점 더 도드라지고 있으며, 바로 그 우려되는 경향이 내가 이 책을 쓰게 된 계기이기도 하다. 역사적으로 과학이 인종차별주의를 제도화하는 데 악용되기는 했지만, 나는 오늘날의 과학이 인종차별주의자들의 편은 아니라는 점을 보여주고자 한다. 과학은 반反인종차별주의의 도구로 쓰일 수 있으며, 그래야 한다.

2020년 1월, 세상의 톱니바퀴들이 멈추기 시작했다. 많은 과학자들, 그리고 일부 정치인들은 피할 수 없는 대유행병이 임박했다는 것을 이미 알고 있었다. 비록 코로나바이러스감염증-19(COVID-19, 이하 '코로나19'로 표기—옮긴이)가 우리 모두의 삶에 미칠 영향을 예측한 이들은 거의 없었겠지만 말이다. 내가 이 글을 쓰는 지금, 앞으로 상황이 어떻게 펼쳐질지 우리는 전혀 알 길이 없다. 백신이 최초로 공급되기 시작했지만 2차, 3차 대유행이 올지, 혹은 이 질병이 우리 삶에서 늘 조심하고 경계해야 하는 영구적인 공포가 될지 우리는 알지 못한다. 어떤 과학과 정책들이 시행될 수 있었는지, 시행되어야 했는지, 혹은 시행되고 있는지에 관한 논쟁들이 격렬하게 벌어지는 중이고 특히 두 나라, 미국과 영국이 전 세계 사망자 수의 약 4분의 1을 차지하면서 가장 큰 타격을 받았다. 이 글을 쓰고 있는 지금 188개 나라에서 5,000만 명 이상이 감염되었으며, 그중 130만 명 이상이 사망했다.

그리고 5월말, 정부들이 허겁지겁 다양한 해법을 찾는 동안 미니애폴리스의 한 경찰관이 46세 흑인 남성의 생명을 앗아감으로써 인종차별주의와 권력의 결합이 얼마나 치명적일 수 있는지를 또 한 번 보여주었다. 조지 플로이드의 죽음은 전 세계에서 좌절에 찬 시위들이 터져 나오는 도화선이 되었고, 인종의 화약고와 같은 미국에서는 이러한 울분이 비디오 게임에 나오는 군인들처럼 무장한 경찰과의 끝없는 대치와 폭력 사태로 분출되었다. 8월에는 아무런 무기도 소지하지 않았던 흑인 제이콥 블레이크Jacob Blake가 위스콘신에 있는 그의 집에서 부부 싸움을 한 뒤 경찰에게 일곱 발의 총격을 당하는 일이 벌어지면서 대중의 폭동은 재점화되었다. 블레이크의 이름은 플로이드, 레이샤드 브룩스Rayshard Brooks, 브레오나 테일러Breonna Taylor 등 미국 경찰에 의한 흑인 살해 또는 살해 시도라는 문제적 사건들의 명단에 추가되었다.

영국에서는 지난 6월, 유명한 노예 상인 에드워드 콜스턴Edward

Colston의 동상이 지역 주민들에 의해 브리스틀 항만의 바닷물 속으로 내던져졌는데, 공공장소에서 그 동상을 철거하려는 합법적인 시도가 번번이 좌절된 끝에 벌어진 일이었다. 올여름에는 바로 내가 재직하고 있는 대학에서 학계의 큰 인물들이자 심각하게 인종차별적인 과학자 셋의 이름이 건물에서, 그리고 교수 명단에서 지워졌다. 유니버시티 칼리지 런던(UCL)의 학생들은 더 이상 피어슨Pearson관館이나 피셔센터Fisher Centre에서 골턴Galton 교수에게 배울 일이 없을 것이다. 이런 결정에는 나도 참여했는데, 이는 영국의 인종차별적 과거에 대한 광범위한 토론의 결과였다.

인종이 다시 우리의 공공 담론을 장악했다. 이 책에서는 이처럼 시급하고 중요한 항의의 움직임들에 대해 다뤄볼 것이며, 경찰의 폭력적이고 살인적인 흑인 진압 방식을 부추기고 있는 인종차별적인 유사과학에 대해서도 살펴볼 것이다.

코로나19라는 질병과 이것을 야기한 코로나 바이러스는 2019년 12월 중국 우한시武漢市에서 처음 확인되었는데, 두 가지 방식으로 즉시 인종차별적으로 다루어졌다. 우선은 이 바이러스의 진원지 자체가 일상적인, 더러는 극단적인 적대감의 원천이 되었다. 과학적으로는 이 신종 바이러스가 정확히 어디서 발생했는지 전혀 분명하게 밝혀지지 않았지만, 박쥐들이 원인이었을 공산이 큰 것으로 보인다. 현재로서는 우한의 '습식 재래시장'인 화난華南 수산물도매시장을 통해 바이러스가 박쥐에서 인간으로 종의 장벽(질병이 한 종의 생물체에서 다른 종으로 확산되는 것을 막아준다고 여겨지는 천연 시스템—옮긴이)을 뛰어넘은 것으로 추측하고 있다. 바이러스는, 비록 시장의 물품 목록에 적혀있지는 않지만 불법 거래되는 천산갑穿山甲이라는 비늘 있는 포유류 동물을 통해 전파되었을 수도 있다. 이 질병이 퍼지고 불안감이 증폭되면서 서구에서는 습식 재래시장을 금지하자는 요청들이 나왔다. 그러나 많은 이들이 간과한 점이 있는데, 통상적으로 '습식 재래시장'이란 생선과 고기를 파는 판매대를 전자기기나 옷 등을 파는 판매대, 혹은 마른 상태의 식품이나 냉동식품을 파는 가게와 구분하려고 쓰는 용어다. 화난 시장에서 야생 동물들이 판매된 것은 사실이지만(이것이 바이러스가 인간에게 번진 원천으로 밝혀질 수도 있다.) 그와 무관하게 습식 재래시장에 대한 서구 사회의 오해가 인종적 적대감의 중심이 되었다.

기자들은 트럼프 대통령을 필두로 여러 공인들이 이 신종 바이러스를 '중국인 바이러스', '중국 바이러스', 그리고 명백하게 인종차별적이며 저급한 욕설인 '쿵플루Kung Flu(중국을 암시하는 '쿵푸Kungfu'와 '독감(Flu)'이라는 단어를 합성한 말―옮긴이)'라고 지칭하며 외국인 혐오를 악화하고 아시아계 미국인을 공격의 위험에 빠뜨렸다고 지적했다. 트럼프는 자신의 언어 선택에 대해 다음과 같이 변호했다. "이것은 전혀 인종차별적인 말이 아니다. …그게 중국에서 왔기 때문일 뿐이다." 일각에서는 현대의 또 다른 대유행병도 '스페인 독감'이라고 명명되었다는 점을 들어 트럼프의 입장을 지지했다. 구실을 댈 요량이었다면 이것은 형편없는 변명이라 할 수 있다. 그런 명칭이 나타난 것은 질병이 거기서 기원했기 때문이 아니라, 어디서나 검열이 강요되던 제1차 세계대전 당시 자유 언론을 유지했던 스페인이 이 독감의 발생을 공공연하게 보도했기 때문이었다.

해당 독감 바이러스의 유래는 아직도 밝혀지지 않았으며 프랑스, 그리고 캔자스 소재의 어느 군부대가 높은 확률로 언급되고 있다.

코로나19의 지리적 기원은 삽시간에 코로나 바이러스와 관련한 인종차별적 공격을 가능하게 했는데, 이런 공격은 현재 자체적으로 위키피디아Wikipedia 페이지가 생겼을 정도로 빈번하게 일어나고 있다. 지난 2월, 런던 옥스퍼드 거리에서 내가 몸담고 있는 대학교의 조녀선 목Jonathan Mok이라는 싱가포르 학생이 심하게 폭행을 당했는데, 폭행범 네 명은 "너희 코로나 바이러스가 우리나라에 있는 게 싫다."고 소리쳤다. 미국에서는 샌프란시스코 주립대학의 아시아계 미국학(Asian American studies) 교수인 러셀 정Russell Jeung이 2020년 봄에 중국계 미국인 및 한국계 미국인들을 상대로 수천 건의 인종차별적 공격이 마구잡이로 자행되었음을 밝혀냈다. FBI는 우익 극단주의자들이 유대인과 아시아계 미국인들을 공격하고 유대교 회당과 이슬람교 사원에 바이러스를 의도적으로 퍼뜨리려고 모의한 증거를 발견했다.

이 신종 바이러스가 인종차별과 연관된 두 번째 방식은 증오보다는 확진자의 불균형한 분포를 통해 드러났다. 질병이 확산되면서 히스패닉Hispanic이나 라틴Latin계系, 흑인, 아시아인 및 그 외 소수 민족 집단들이 주로 백인 유럽 혈통인 사람들보다 현저히 높은 위험에 노출된 것으로 밝혀진 것이다. 이와 같은 뚜렷한 불균형은 대유행병 초기인 4월초부터 나타났다. 영국의 경우, 흑인 인구는 전체 인구의 약 3퍼센트에 달하지만, 코로나19로 인한 흑인 사망자 수는 그것의 두 배였다. 흑인이 전체 인구의 3분의 1을 차지하는 시카고에서는 사망자 중 거의 4분의 3

이 흑인이었다. 뉴욕의 경우, 코로나 입원 환자들의 수는 백인에 비해 히스패닉이나 라틴계가 두 배 가까이 높았다. 이런 식의 통계 수치가 정도는 다양하지만 전 세계에서 되풀이되었다.

이러한 차이가 뚜렷해지자 일각에서는 이것을 인종이 정말로 생물학적으로 유의미한 범주라는 확실한 신호로 받아들였지만, 이는 현대 인류 유전학의 명백한 증거들과는 정반대다. 이 책은 인종과 기초 생물학, 진화, 유전학과의 얽히고설킨 오래된 관계를 살펴보기 위한 것이다. 인종 과학의 역사가 인간이 만든 인종 범주를 정당화하기 위해 어떤 식으로 생물학적 근거를 찾아내려고 해왔는지, 또한 그러한 목적을 위해 유전학이 어떤 식으로 이용되고 왜곡되며 곡해될 수 있는지를 살펴볼 것이다. 현대 유전학을 제대로 이해한다면 인종 범주를 인정하는 그 어떤 생물학적 토대도 용인되지 않는다.

코로나 바이러스 감염률과 사망률이 소수 그룹에서 더 높다는 사실은 중요하며 흥미롭지만, 코로나19 관련 자료를 이용해 인종에 관해서는 맞는 부분이 하나도 없는 구시대적인 주장을 쏟아내는 일은 터무니없다. 심지어 인종이 생물학적 범주라고 고집스럽게 주장하는 사람들조차 흑인과 아시아인, 히스패닉이나 라틴계 사람들을 한 집단으로 뭉뚱그리지는 않는다. 이 신종 코로나 바이러스에 일부 집단이 더 높은 취약성을 보이는 것이 생물학적 인종의 증거라고 주장하는 것은 단 한 가지 목적에만 부합할 뿐이다. 바로 백인과 나머지 전부를 분리시키는 것 말이다.

민족과 코로나19라는 질문에 대한 답으로 항바이러스성 특질을 띠는 것으로 잘 알려진 비타민D가 거론되기도 한다. 우리는 비타민D 생성이 햇빛의 자외선에 의해 활성화되며, 또한 멜라닌이 그 생성을 억제하고, 그래서 피부색이 짙은 사람들이 가끔 비타민D 결핍을 겪기도 한다는 것을 안다. 이 이론은 고려해 볼 가치가 있지만, 이 이론이 맞는 것으로 밝혀진다 해도 코로나19를 인종에 따라 범주화할 수 있는 것은 아니다. 이 점은 그저 모든 사람들의 위험이 아주 경미하게 올라간다는 생물학적 근거가 될 뿐이다. 가령 비타민D 결핍은 여성보다 남성에게 훨씬 더 크게 영향을 미치며, 비만 및 제2형 당뇨를 앓는 사람들을 비롯해 코로나19의 위험이 높은 다른 범주의 사람들에게도 영향을 준다. 어떤 경우든 이 이론이 유효한 것으로 밝혀진다고 해도, 그것은 오직 우리가 보는 이러한 차이의 극히 일부만 설명해줄 것이다.

그러나 한편으로, 우리는 이미 고착된 사회문화적 현상들이 소수 그룹들의 건강에 극심하게 부정적인 영향을 준다는 것을 잘 안다. 이러한 그룹에 속한 사람들은 필수 노동자(key worker, 간호사나 경찰 등 사회에 필수적인 서비스를 제공하는 노동자―옮긴이)인 경우가 매우 많으며, 따라서 그들은 강압적인 이동 제한을 받지 않았다. 게다가 사회경제적 지위가 더 높은 사람들과 달리 이들에게 사회적 격리는 그리 쉬운 선택이 아니었다. 이들은 대체로 도시의 인구 밀집 지역에 거주하는데―많은 경우, 주택 공급은 사실상 차등적으로 이루어진다.―거기서는 사회적 거리 두기를 실천하기가 훨씬 어렵다. 이들은 여러 세대가 사는 다가구 주택에 살 가능성이 높으며, 역시나 이 경우에도 사회적 거리를 유지하기는 훨씬 어렵고 노년층에게 그 위험은 더욱 높아진다. 가난 및 여타 사회적 현상과 더불어, 이러한 요소들은 건강과 수명에 부정적인 상관관계를 갖는 것으로 알려져 있다. 코로나19라고 예외가 아니다. 영국에서 이루어진 예비 연구에 따르면, 사회적 박탈 및 다른 기저 질환들을 참작하자 흑인의 사망률이 더 높다는 주장은 성립하지 않았다.

　너무나 심각한 대유행병에 대해 현재 우리가 아는 것은 아주 초기 단계에 불과하다. 현재 우리가 확실히 말할 수 있는 것은 이 신종 바이러스가 비非백인 환자들에게 더 큰 영향을 미치는 기저의 원인들이 많다는 것뿐이다. 어쩌면 유전학은 비타민D 신진대사와 같은 여러 요소 중 일부일 수 있지만, 그에 더해 수많은, 그리고 훨씬 더 중요한 사회적 요소들도 있을 것이다. 그러나 우리가 또 하나 확실히 말할 수 있는 것은 이 질병이 전통적인 인종 범주의 생물학적 근거는 아니라는 점이다. 이 책에서 내내 이야기하겠지만, 다른 어떤 질병도 마찬가지다. 전체 그림은 아직 드러나지 않았고, 이 파괴적인 대유행병을 우리가 이해하기까지는 수년이 걸릴 것이다. 지나치게 단순화된 인종차별적 설명은 거의 아무런 의미가 없다. 찰스 다윈Charles Darwin이 150년 전에 썼듯이, '무지無知는 지식보다 더욱 자신만만한' 경우가 많고, 이것은 오늘날까지 그대로 적용된다. 사실 코로나19가 특정 집단에 유독 더 큰 영향을 주는 현상을 설명해줄 근본적 이유는 과학자가 말할 수 있는 가장 중요한 세 마디로 요약된다. '알 수 없다.(We don't know.)'

2020년 11월
애덤 러더포드

들어가며

무기로서의 과학

이 책은 무기다. 이 책은 인종과 유전자, 혈통에 관한 질문들을 다룰 때 필요한 과학적 도구들을 당신에게 마련해주려고 쓴 것이다. 이것은 우리가 어떤 점에서 비슷하고 어떤 점에서 다른지에 관한 사실과 속설을 구분하게 해줄 연장들이다.

우리의 이야기는 아프리카에서 시작되었다. 우리 종種, 즉 호모사피엔스Homo sapiens의 시초로 알려진 이들은 비록 초기 유해 대부분이 아프리카 동부에서 나오기는 했지만, 약 30만 년 전 현재의 모로코 근방에서 진화했다. 우리는 현재의 우리가 태초에 범凡아프리카 종들에서, 그 거대한 대륙 전역의 다양한 집단들에서 기원했을 것으로 보고 있다. 25만 년 전에 초기 인류 일부가 아시아와 유럽으로 이동했지만, 그들이 아프리카 외부에서 번성한 것은 일시적이었으며 아마도 현대에 후손도 남기지 않은 것으로 보인다. 약 7만 년 전쯤부터 또 한 번 일군의 사람들이 아프리카에서 이동해 나왔고, 세계 곳곳에 새로이 뿌리를 내리는 과정이 시작되었다. 인간이 세계 각지에서 살아남을 수 있었던 것은 상당 부분 지역적 적응, 즉 생태적으로 다양한 이 지구라는 환경에서 살아남기에 가장 적합하도록 미세하게 조정하며 진화한 결과다. 인간이 떠돌아다니고 사냥하고 농사를 짓고 살며 사회적인 동물이라는 본성을 지녔다는 것은 곧 지난 몇천 년 동안 지구가 점점 더 좁아졌다는 것, 또한 전 세계 사람들이 서로 만나고 교역하며 짝을 이루고 싸우고 정복하는 등 많은 일들을 해왔다는 것을 뜻한다. 이러한 상호 작용 속에서 우리는 다른 사람들과 접촉한다. 그리고 이 다른 점들은 생물학과 DNA, 또한 사회적 동물로서의 우리의 행동, 즉 입는 옷이나 하는 말, 종교나 관심사 등에서 기인한다. 이러한 차이에 대한 집착은 인간이 권력과 부를 추구함에 따라 우리의 이 짧은 역사에서 가장 잔인한 행위들의 원천이 되었다.

지난 몇 년간 정치적인 분위기가 바뀌고 있다. 세계 곳곳에서 민족주의가 부상하고, 공공 부문에서 '인종'이라는 주제가 과거에 비해 유독 두드러지고 있다. 이 책의 초판이 2020년 2월에 출간되고 얼마 뒤 미국 곳곳의 도시에서는 대중의 항의 시위가 터져 나왔다. 수많은 사람들이 행진하고 시위하고 폭동을 일으켰는데, 바로 조지 플로이드가 미니애폴리스의 한 경찰관으로 인해 사망한 사건 때문이었다. 이것은 인종 관련 폭동이었다. 2016년 노스캐롤라이나주 샬럿Charlotte에서 무기를 소지하지 않은 키스 라먼트 스콧Keith Lamont Scott이라는 흑인을 경찰이 죽인 일로 일어났던 폭동처럼 말이다. 혹은 2014년, 미주리주 퍼거슨Ferguson에서 역시 무기를 갖고 있지 않았던 십대 마이클 브라운Michael Brown이 경찰에 의해 사망했던 때처럼, 혹은 2015년 볼티모어Baltimore에서 프레디 그레이Freddie Gray에게, 2001년 신시내티Cincinnati에서 티모시 토머스Timothy Thomas에게 꼭 같은 일이 일어났던 때처럼 말이다. 이것은 인종 관련 폭동이었다. 1992년 로스앤젤레스Los Angeles의 경찰관 네 명이 로드니 킹Rodney King을 잔인하게 폭행했을 때, 혹은 1980년대 마이애미Miami에서 경찰관 네 명이 정지 신호를 무시하고 달렸다는 이유로 아서 맥더피Arthur McDuffie를 때려서

죽였을 때 미국 전역에서 벌어진 폭동들처럼 말이다. 이 모든 사건들에서 경찰관들은 무죄 판결을 받거나 형사 처벌을 면했다. 이것은 인종 관련 폭동이었다. 1968년, 마틴 루터 킹 주니어Martin Luther King, Jr.가 암살된 후 미국에서 일어났던 폭동과 똑같이 말이다.

어찌 보면 아무것도 바뀌지 않았다. 미국은 인종차별의 역사를 조금도 해결하지 못했고 흑인들이, 그리고 이제는 다른 비非백인 미국인들까지 감내해온 일상화된 편견이 일상적인 좌절감으로 쌓였다가 2020년 5월, 한계치를 넘어 대중 시위와 폭력으로 번진 것이다. 전에 수차례 그랬던 것처럼 말이다. 그러나 이제는 20세기의 인종 관련 폭력과는 달리, 테크놀로지로 인해 가능해진 충돌과 분열이 소셜 미디어에서 양산되고 있다. '흑인의 목숨도 소중하다(Black Lives Matter)'는 2013년, 1년 반전 트레이본 마틴Trayvon Martin을 총격으로 숨지게 한 남자가 무죄 판결을 받으면서 해시태그로 시작된 운동이며 이후 전 세계인적인 움직임으로 확산되었다. 이들이 내건 목적은 백인 우월주의를 뿌리 뽑고, 흑인을 향한 폭력행위에 맞서는 것이었다.

로드니 킹 폭행 사건은 당시 흔들리는 8밀리미터 비디오카메라로 원거리에서 녹화되었는데, 이것은 이후 벌어질 일에 대한 전조였다. 조지 플로이드의 죽음 역시 여러 대의 카메라에 찍혀, 경찰관이 무릎으로 플로이드의 목을 9분가량 짓누르는 모습이 고스란히 담겼다. 이 영상은 몇 시간 만에 전 세계로 송출되었고, "숨을 못 쉬겠어요."라는 플로이드의 외침은 2014년 스태튼 아일랜드Staten Island에서 경찰관이 감은 팔에 목이 졸려 사망한 에릭 가너Eric Garner가 외쳤던 말과 정확히 일치해,

전 세계 시위자들의 슬로건으로 되살아났다. 현재 시위대의 약탈과 경찰의 가혹행위 등 시위자와 경찰의 행동들은 아수라장 같은 상태 그대로 계속 기록되고 있다. 노예로 끌려온 이들의 등을 밟고 인종차별주의의 토대 위에 세워진 나라의 분열은 지금 그 어느 때보다도 적나라하게 노출되는 중이다. 혁명은 공중파 텔레비전에서는 방송되지 않았지만, 라이브스트림live stream으로 생중계되었다.

시위대는 우리 사회 속의 체계적이고 구조적인 인종차별주의가 빚은 결과를 상징한다. 이것은 비단 흑인들에 대한 경찰의 폭력행위에서, 혹은 현재 주류가 되어버린 백인 우월주의자들의 목소리에서 생겨난 것만은 아니다. 구조적 인종차별주의는 일상이며, 일상 속에 깊이 뿌리박혀 있다. 그것은 인종차별을 당하는 이들의 실제 경험에 대한 무관심 속에 깊이 뿌리박혀 있다.

인종에 대한 고정관념과 속설들은 이러한 구조적 인종차별주의가 세워진 토대이며, 서구 문화에 깊이 각인되어 있다. 그러나 그것이 수세기에 걸친 유사과학으로 점철돼있음을 이 책에서 분석해 보여주려고 한다. 이러한 경찰의 폭력행위를 비롯해 그에 따른 시위와 폭동들 속에서도 인종차별주의의 민낯이 여실히 드러나고 있지만, 애초에 이러한 일들을 배태한 악의적이고 그릇된 관점들은 너무나 만연하며 고집스럽게 뿌리박혀 있다. 구시대적인 인종 범주가 생물학에 근거한다는 주장은 현대의 테크놀로지로 목소리를 더욱 드높이고 있는 공공연한 인종차별주의자들의 것만은 아니다. 좋은 의도를 가진 사람들도 본인의 경험과 문화적 역사 때문에, 현대의 인류 유전학 연구가 뒷받침하지 않는 인종차별적 관점들을 은연중에 갖고 있다. 육상 분야에서의 성공은 훈련이 아니라 혈통 때문이라 생각한다든지, 오래 전부터 동아시아인 학생들이 선천적으로 수학에 더 뛰어나다고 가정해왔다든지, 흑인들에게 선천적인 리듬감이 있다거나, 유대인들이 돈에 뛰어난 감각을 타고났다고 생각하는 것처럼 말이다. 이런 식으로 생각하는 사람을 우리는 모두 한 사람쯤 알고 있다. 이 책에서는 인간들 사이의 진짜 유사성과 차이점에 대한 과학적 설명을 살펴볼 것이며, 이러한 설명은 일견 과학에 근거를 둔 것처럼 보이는 인종차별주의를 반박할 토대가 될 것이다. 나는 이 책에서 우리가 고정관념과 가정들을 고수할 때 자주 놓치는 주요 분야 네 가지에 중점을 두려고 한다. 즉 피부색, 혈통의 순수성, 스포츠, 그리고 지능이라는 주제에 관해 현대 과학으로 알 수 있는 것과 알 수 없는 것들을 살펴볼 것이다.

사실 어떤 주장을 반박하기보다는 주장을 내놓기가 더 쉽지만, 인종차별주의가 더욱 공공연하게 표출되는 오늘날, 이것을 사실로 조목조목 반박하는 것이 우리의 임무이며, 특히 혐오가 과학을 자기 편이라고 주장할 경우에는 더욱 그러할 것이다. 과학자 중에는 인종 문제에 관련될 경우 자신의 연구에서 도출된 의견을 표명하기 부담스러워하는 이들도 있다. 그러나 유전학이야말로 인간의 다양성이 도출되는 대양이니만큼 인류 유전학을 공부하는 사람이라면 인종에 대해 말하지 않을 도리가 없다.

인종차별주의의 뿌리인 가시적인 차이점들은 우리의 DNA에 암호로 기록되어 있다. 따라서 과학과 인종차별주의는 본래적으로 얽혀 있다. 인종차별주의는 편견의 한 표현인 반면, 과학은 원칙적으로 주관성과 판단에서 자유로워야 한다. 과학자들은 인류 유전학에서 도출될 수 있는 관점들 중 정치와 관련되는 것들은 표현을 꺼려하기도 하는데, 이것은 어쩌면 재고해봐야 하는 자세인지도 모르겠다. 과학을 사상적 목적으로 오용하는 사람들에겐 그러한 거리낌이 없으며, 그들은 오히려 현대의 테크놀로지를 십분 활용해 자신들의 메시지를 널리 퍼뜨리고 있으니 말이다.

그러나 과학은 강력한 아군이며, 과학 및 역사 지식은 우리를 선입견과 편견에 맞설 수 있도록 무장시켜준다. 인간의 감각은 매우 제한적이며, 인간의 삶은 짧다. 인간은 의미를, 소속을, 정체성을 갈망한다. 인간 조건의 이러한 측면들은 편견이 뿌리내릴 수 있는 비옥한 토양이다. 사람들이 실제로 어떠한지를 우리에게 가장 선명하게 보여주는 도구는 우리가 그들에게 내리는 판단이 아니라, 바로 과학이다.

개인적 사실들

나는 영국인이다. 내 정체성은 국가가 발행한 내 여권에 법적으로 명시되어 있다. 그것은 내가 태어난 곳인 이스트 앵글리아East Anglia 해안 인근 마을 입스위치Ipswich에서 발급되었다.

이것들은 사실이다. 영국인, 영국, 입스위치, 이스트 앵글리아. 이것들은 내 개인적 정체성을 부분적으로 규정하는 이름표들이다. 나는 또한 과학자이기도 하다. 나는 성인이 된 이후 쭉 유전학과 진화를 공부해왔고, 이두 부류의 생물학과 역사가 어떻게 접합되는지에 대한 글을 써왔다.

과학에서 우리는 필요에 의해 이름표를 사용한다. 우리는 대상의 내재적 특질을 범주화하려고 엄격한 기준에 따라 이름을 붙이는데, 이는 대상의 정체성이나 본질적 속성, 진화를 이해하기 위한 것, 혹은 그 특징들을 이해하도록 도와줄 실험들을 고안하기 위한 것이다. 우리는 이 것을 '분류학'이라고 한다.

나는 혼혈, 이중 혈통(dual heritage, 부모의 인종이나 종교가 서로 다른 경우—옮긴이), 혹은 다인종(biracial, 언어상으로는 두 개 인종이 섞인 혼혈인이라는 뜻이지만, 주로 백인과 비非백인의 혼혈을 가리킬 때 쓰인다—옮긴이)에 해당한다. 혼혈아(half-caste)는 구시대적인 용어지만, 내 인생의 상당 부분 많은 사람들이 대개는 습관적으로, 가끔은 무시하는 의미로 나를 그렇게 불렀다. 나는 어디서 왔냐는 질문도 자주 받는데, 대개는 그렇게 묻는 진의를 내가 얼추 짐작해서 그에 맞춰 대답한다. 영국, 잉글랜드, 서 포크, 입스위치, 혹은 내가 25년째 살고 있는 런던 등등. 이 모든 게 맞는 답이기는 하지만, 많은 경우 사람들이 묻는 것은 '당신은 왜 그런 모습인가요?'가 아닐까? 나의 아버지는 요크셔 출신으로, 백인이며 영국인인 양친에게서 태어났다. 어머니는 영국인이자 인도인이지만, 인도 땅에는 발 한번 디뎌본 적 없다. 어머니는 남미 가이아나에서 태어났다. 어머니의 조부모님은 19세기에 식민지 칙령에 따라 사탕수수 대농장에서 일하려고 인도에서 남미로 이주했는데, '계약노동(Indenture)'으로 알려진 이것은 노예제와 비슷한 일종의 반강제 이주 및 노동이었다. 어머니는 제2차 세계대전 이후 영국에서 새 삶을 시작하려고 '엠파이어 윈드러시Empire Windrush'호에 올랐던 카리브해 지역의 남녀 802명의 전철을 밟아 1960년대에 잉글랜드로 이주했다. 그들처럼 어머니도 제국주의 시대가 저물어가던 그 즈음 식민지 모국으로 부름을 받아 영국 국민이 되었다. 그들의 임무는 전쟁으로 파괴된 나라를 재건하는 일에 동참하는 것이었고, 그 여정에 올랐던 많은 사람들처럼 나의 어머니도 이제 막 신설된 국민건강보험(National Health Service)에 채용되어 영국 국민들을 위해 일했다.

우리 부모님이 계속 함께 살지는 않아서 내가 어렸을 때 아버지와 누나, 나는 새 가족과 합치게 되었고, 거기서 나는 형제 셋을 더 얻었다.(정확하게 말하면 둘은 새어머니의 아들이고, 한 명만 내 이복형제다.) 나는 입스위치에서 열여덟 살까지 살다가 이후에는 런던으로 와서 유니버시티 칼리지 런던(UCL)에서 유전학을 공부했다. 그때부터 런던에서 계속 지내고 있으며, 쭉 UCL에 몸담고 있다. 나는 나 스스로를 혼혈이니 뭐니 하는 것으로는 생각하지 않는다. 수많은 영국인들처럼 나도 인도가 다른 어느 나라보다도 잘 하는 것 두 가지, 즉 카레와 크리켓을 정말로 좋아할 뿐, 내가 자란 환경은 인도와는 문화적 연관성이 전혀 없다. 그러나 생물학적으로 내 DNA의 절반이 7억 4000만 유럽인보다는 13억 인도인과 더 밀접하다는 점은 부정할 수 없다. 물론 나머지 절반의 DNA는 그 반대인 것도 사실이다.

나는 내 혈통 때문에 유전학과 진화를 공부한 것은 아니다. 그것이 말 그대로 생명 과학의 모든 측면을 지탱해주는, 과학 연구 중에서도 단연 가장 흥미로운 분야기 때문에 선택한 것이다. 널리 알려진 대로 "진화의 관점이 아니고서는 생물학에서는 그 어떤 것도 의미가 통하지 않는다."고 러시아계 미국인 과학자인 테오도시우스 도브잔스키

Theodosius Dobzhansky가 말했듯이 말이다. 나는 운이 좋게도, 마침 어떤 과학 분야가 발견의 황금기에 접어든 시기에 그 분야를 접하게 되었다. 인간 게놈 프로젝트(Human Genome Project)가 내가 대학에 들어간 바로 그 해에 공식적으로 시작되었고 그 결실, 즉 인류의 전체 유전 암호에 대한 밑그림이 내가 역시나 인류 유전학에서 박사학위를 딴 해에 완성되었다. 나는 그 DNA 데이터베이스를 폭넓게 활용해, 우리의 눈을 만들고 우리가 보는 방식을 좌우하는 유전자들을 연구했다. 그 이후로 그 방대하고 눈부신 과학적 노력과 뒤이은 테크놀로지와 데이터를 바탕으로 미래의 유전학, 나아가 모든 분야의 생물학은 영원히 바뀌게 되었다.

UCL은 굉장히 훌륭한 대학이다. 20세기 전반부 다윈의 사상들이 통계학과 실험, 수학을 통해 '유전자'라는 신생 개념과 융합되면서 유전학과 진화의 기반이 다져진 곳이 바로 여기다. 바로 여기, 블룸스버리 고워가에서 현대 생물학의 기틀 상당 부분이 형성되었던 것이다.

그러나 또한 인간 역사에서 가장 유해한 사상들도 UCL에 깊은 뿌리를 두고 있으니, 그중에서도 가장 심각한 부분은 바로 이 학교가 우생학, 즉 선별적 번식을 통해 인간 집단이 향상될 수 있고 약한 부분들은 사회에서 제거될 수도 있다는 사상의 탄생에 태생적으로 연관되어 있었다는 사실이다. 이러한 사상은 비록 법제화되지는 않았지만, 과학자이자 공공연한 인종차별주의자였던 프랜시스 골턴Francis Galton이 영국에서 최초로 만들어낸 것이다. 1912년에는 정신지체 법안(Mental Deficiency Bill)이 국회에 제출되어 위험천만하게 그렇게 될 뻔한 적도 있었다. 그것은 당시에 쓰이던 용어인 '정신박약인' 간의 결혼과 출산을 금지하는 우생학 수정조항이 들어있는 법안이었다. 이 법안은 해당 조항을 조사이어 웨지우드Josiah Wedgwood 의원이 삭제한 후 1913년에 법제화되었다. 이와 반대로 미국과 스웨덴, 나치 독일 및 다른 나라 정부들은 적극적인 우생학 정책을 펼쳐, 그 결과 수백만 건의 강제 불임수술과 사망이 잇따랐다. 우생학과 인종차별주의는 동일한 사상은 아니지만 본질적으로 연결되어 있으며, 우생학 정책은 인종적 소수 집단만을 겨냥해 그들에게만 차별적으로 영향을 주었다.

물론 내가 이처럼 해로운 역사 때문에 UCL을 선택한 것은 아니다. 하지만 내가 들어간 연구실 이름은 한때 '골턴 우생학 연구실'이라고 불렸던 골턴 연구실이었고, 수업도 골턴 강의실에서 골턴 교수에게 받았는데, 이것은 전부 프랜시스 골턴의 이름을 딴 것이다. 일기도日氣圖, 필수적인 통계 기법들, 범죄 과학 수사법으로서의 지문, 우생학이라는 낱말 자체는 물론이고 우생학의 학문적 개념 등을 지적 유산으로 남긴 장본인 말이다. 골턴은 1911년에 사망했고, 나의 모교에 있던 그의 제자들 역시 마찬가지로 위대한 과학자들이었다. 통계학자 칼 피어슨Karl Pearson, 수학적 생물학자 로널드 피셔Ronald Fisher 등 현대 과학 전반에 걸쳐 우리가 빚을 지고 있는 인물들인데 그중 상당수가, 정도는 다양하지만 인종차별적 견해를 표했던 이들이다. 그들을 인종차별주의자라고 칭하는 것은 현대적 감수성을 바탕으로 내린 판단이 아니라 사실에 기초한 진술이다. 그들은 당시의 문화적·과학적 규준이 그러했듯이 인종차별적인 견해들을 공공연하게 표현했다.[1] 과학은 새로운 정보가 주어지면 쉽게 변한다. 1990년대까지 우리는 이들의 태도와 신념들이 인종차별적이었다는 것을 인정하면서도 한편으로는 이들이 남긴 학문적 유산을 연구했다. 그러나 내가 가르침을 받은 과학자들은 이들의 관점을 하다못해 피상적으로라도 공유하지 않았다.

내가 영국인이면서 유전학자라는 점은 두 가지 객관적인 사실이지만, 여기에는 수세기에 걸친 맥락들이 점철되어 있다. 내 혈통 속에는 식민주의, 제국, 인종차별주의, 그리고 여타 상당히 혐오스러운 사상들이 뒤섞여 있다. 내 이야기는 특별히 드문 것도, 흥미로운 것도 아니다. 사람들은 누구나 골치 아픈 정치와 가족사를 갖고 있고, 이동하고, 사랑에 빠지며, 아이를 낳고, 이런 것들의 일부, 혹은 전부를 한 세대 안에서, 또는 몇 세대에 걸쳐서 반복한다. 내 자전적 이야기에 필요한 정보는 이 정도가 전부지만 어떤 면에서 내 여러 혈통, 그러니까 생물학적·문화적·과

---

1 골턴의 인종차별주의적 관점이 드러난 예시들은 많지만, 아마 가장 명시적으로 표현된 것은 1873년 6월 5일 《타임즈(The Times)》에 실린 「중국인들에게 아프리카를 (Africa for the Chinese)」이라는 편지글일 것이다. "나는 우리나라 국가 정책의 일환으로, 아프리카 동해안의 적절한 지역들에 중국인을 정착시킬 것을 제안한다. 중국인 이민자들은 자리를 잘 잡을 것임은 물론, 점점 수를 늘려 결국 열등한 니그로Negro 인종을 대체할 것이다. 아프리카 해안의 상당 부분은 현재는 잔지바르나 포르투갈의 명목상의 통치 아래 게으르고 쓸데없는 미개인들이 차지하고 있지만, 나는 그런 곳들이 앞으로 몇 년 안에 근면하고 질서를 사랑하는 중국인들에 의해 소작되기를 기대한다. …지금까지 알려진 모든 인종 중에서, 두 회귀선 사이에 놓인 그 거대한 지역을 차지하기에 중국인만큼 적절한 인종은 없다. …인도인들은 힘과 근면성, 절약 근성, 장사 수완, 다산 능력 등에서 열등하기 때문에 중국인만큼 필요조건을 충족시키지 못한다. 아랍인들은 다른 남자들의 생산물을 먹어치우는 쪽에 가까워서 창조적이기는커녕 파괴적이며, 생식력이 낮다."

학적 혈통들은 필연적으로 충돌해왔다. 나는 살면서 엄청나게 심한 인종차별을 당한 적은 없다. 내 피부색은 밝은 편이고, 내 인도(혹은 인도-가이아나) 쪽 혈통은 선명하게 눈에 뜨이지 않는다. 그러나 지난 이삼 년간 인간 역사와 유전학, 인종에 관해 글을 쓰고 발언을 했다는 이유로, 모르는 사람들이 나를 '파키Paki(영국에 사는 파키스탄인을 경멸적으로 이르는 말—옮긴이)', 유대인 놈, '음흉한' 인종 배신자라고 부르는 일들이 있었다. 내가 알기로 내 인도 혈통은 파키스탄 쪽이 아니고, 나는 유대인 혈통과는 아무런 연관이 없으며(나중에 생긴 나의 새 가족은 해당되지만), 내가 했다고 하는 그 인종적 반역은 아마도 내가 백인 영국 여자와 결혼했다는 것을 가리키는 듯하다. 식민주의와 대영제국이 아니었다면 나라는 사람이 존재하지도 않았을 거라며 그것에 감사해야 한다는 말도 여러 차례 들었는데, 따지고 보면 맞는 말이겠지만 그래도 상당히 불쾌하다.

편견의 재무장

문화적 대화는 최근 들어 바뀌고 있고, 인종차별주의에 목소리를 내는 표현들도 지금은 과거에 비해 많아진 것으로 보인다. 1939년 영국에서 출간된 애거사 크리스티Agatha Christie의 베스트셀러 스릴러 소설 『열 꼬마 검둥이(Ten Little Niggers)』는 1963년까지도 계속 그 제목으로 출간되다가, 이후에야 『열 꼬마 인디언(Ten Little Indians)』, 혹은 『그리고 아무도 없었다(And Then There Were None)』라는 제목으로 바뀌었다.

일 년 뒤인 1964년에는 한 국회의원이 버밍엄 스메디크 지역 대표로 당선되었는데, 그의 선거운동 전단지에는 '검둥이를 이웃으로 두고 싶다면 노동당에 투표하세요.'라는 문구가 들어있었다.[2] 1980년대에 수천 명의 축구팬들은 본인이 응원하는 축구팀의 흑인 선수들, 가령 존 반스John Barnes, 비브 앤더슨Viv Anderson, 이언 라이트Ian Wright 같은 훌륭한 선수들에게 '저 검둥이를 쏴버려!(Shoot that nigger!)'라고 외치곤 했다. 내가 다니던 학교에서 어떤 남학생들은 땅에 2펜스짜리 동전을 떨어뜨려놓고는 무심결에 그걸 집어 드는 아이에게 '유대인'이나 '유대인 놈'이라고 외치며 놀곤 했다.

우리는 명백한 인종차별주의는 더 이상 문화나 사회, 스포츠 등에서 공공연하지 않다고 생각하기 원하지만, 2018년 축구 경기장에서는 아스날Arsenal의 피에르에므리크 오바메양Pierre-Emerick Aubameyang 같은 흑인 선수들이 관중석에서 날아온 바나나 껍질을 맞는 일이 있었다. 30~40년 전에 비일비재했던 이런 행위는 그 선수들이 인간보다 원숭이에 가깝다는 의미를 담고 있었다.[3] 한 사회가 얼마나 인종차별적인지

---

2 해당 전단지들은 지금 하나도 전해지지 않지만, 그 선거운동에서 쓰였던 다른 전단지들은 아직도 남아있다. '유색인을 이웃으로 두고 싶다면 노동당에 투표하세요. 이미 그런 짐을 떠안고 있다면 토리Tory(영국 보수 정당의 전신을 지칭하던 속어—옮긴이)에 투표하세요.'라는 슬로건이 적혀 있다.
3 이것은 매우 형편없는 오해에서 나온 편견이기도 하다. 바나나를 먹는 행위는 전적으로 인간이 시작했으며, 원숭이는 바나나를 그리 좋아하지도 않는다. 2014년 바르셀로나 경기 당시 관중석에서 바나나가 날아왔을 때 다니엘 알베스Daniel Alves 선수는 그 바나나를 먹는 우아함과 침착함을 보여주었다.

를 평가하기는 쉽지 않다. 사람들은 문화적으로 용인되지 않는 것으로 여겨지는 정보를(심지어 익명으로라도) 스스로 밝히려하지 않기 때문이다. 1983년 이후로 시행되고 있는 영국 '전국 사고방식 조사'에 따르면, 스스로를 '다른 인종의 사람들에게 전혀 편견이 없다.', 혹은 '인종적 편견이 거의 없거나 아주 조금 있다.'고 묘사하는 이들의 비율은 쭉 변함이 없다.(각각 60~70퍼센트, 25~40퍼센트) 그래서 가끔은 사람들에게 본인의 가까운 친척이 흑인이나 아시아인과 결혼해도 괜찮겠는지 등 대체 질문을 활용하기도 한다. 2017년, 백인 영국인의 5분의 1 이상이 그 질문에 괜찮지 않다고 대답했다. 이것은 인종차별적인 관점이지만, 1983년에 동일한 조사에서 같은 질문을 했을 때 괜찮지 않다는 대답은 50퍼센트 이상이었다. 똑같은 질문을 2017년에도 하되(그 이전에는 하지 않았음.) 이번에는 무슬림 배우자에 대한 관점을 물었는데, 응답자의 5분의 2 이상이 싫을 것 같다고 대답했다.[4]

안타깝게도 이것이 인종에 대한 태도가 어느 정도는 완화되고 있고, 문화가 바뀌고 있다는 사실을 어렴풋하게 보여주는 유일한 수치다. 영국 경찰은 인종차별적 공격과 관련된 신고가 2016년, 영국의 유럽연합

---

[4] 이슬람교는 종교고 무슬림은 인종이 아니기 때문에 무슬림에 대한 편견은 인종차별주의가 아니라는 주장도 가끔 제기된다. 글자 그대로 봐서는 맞는 말이다. 그러나 1983년과 2017년의 통계 수치를 비교한다는 목적에서 볼 때, 특정 집단에 대한 극심한 편견은 비록 기존에 정의되는 인종 범주에 들어맞지 않는 경우라 할지라도 인종차별주의와 아주 유사한 경우가 많다. 마찬가지로, 가령 루마니아인 등 특정 국가 사람들에 대한 편견도 사실상 문화적 인종차별주의와 동일한 형태다.

잔류 여부에 대한 국민투표가 있었던 시기에 증가했다고 언급했다. 물론 이것도 반드시 영국 내 인종차별의 증가로 해석할 수 있는 것은 아니다. 범죄 빈도는 전과 같으나 경찰의 긍정적인 반응에 힘입어 신고자가 늘어났다고 볼 수도 있기 때문이다.

19세기 노예제 폐지론자 목사였던 시어도어 파커Theodore Parker는 세상의 도덕적 궤적은 정의를 향한다고 말했다. 이것은 맞는 말일 수도 있지만, 그렇다고 극심한 편견이 말끔히 사라진다는 뜻은 아니다. 어쩌면 편견은 그저 당대의 문화에 맞춰 재무장하는 것은 아닐까. 영국의 백인들은 현재 흑인이나 아시아인인 영국인들보다 무슬림계 영국인들을 더 불편하게 느끼는 것 같다. 인종이라는 개념은 늘 인간을 범주화하려는 시도와 연관되어 있으며, 그것은 대상을 단순화하려는 것일 때도 있고, 더 많은 경우는 정복하고 착취하려는 의도로 유사과학의 서사를 만들려는 것이기도 하다.

유전학의 성장

우리는 어떤 집단이 얼마나 인종차별적인지, 그리고 그 점에서 변화가 있는지를 평가하기는 어려울지 모르지만, 과학이 어떻게 변화하고 있는지는 백퍼센트 정확하게 추적할 수 있다. 새로운 발견이 이루어지고, 지식이 쌓이고 있으며, 기술은 진화하고, 이 모든 것은 꼼꼼하게 기록되고 있다. 유전학 분야는 비록 인종차별적인 과거가 있지만 그 짧은 역사 속에서 급격한 변환을 거쳤다. 유전학은 성장을 거듭해, 이제 과학적 연구에만 국한되지 않고 더 넓은 문화로 통합되어 지금은 일반인을 상대로한 대규모 사업으로도 활용되고 있다. 우리는 지금 인간 다양성에 대해, 인간의 이동과 역사에 대해 그 어느 때보다도 잘 알고 있으며, 그에 따라 인종에 관한 질문도 활발하게 이루어지고 있다.

유전학은 간단히 말하면 가계家系와 성性, 유전에 관한 과학적 연구로 이는 다윈, 멘델Mendel, 왓슨Watson과 크릭Crick 등 현재 이 시대가 도래하게 한 여러 과학적 선구자들이 있기 전까지 수천 년간 인간의 머릿속을 차지하던 주제들이다. 인류 유전학은 사람 및 집단 간의 유사성과 차이점을 연구하는 학문이다. 20세기 유전학에는 DNA 구조의 발견, 유전 암호의 해독, 인간 DNA 전체를 읽으려는 노력 등 굵직굵직한 전환점들이 있었다. 이러한 것들은 21세기 유전학에서 일어난 지속적인 혁명에 반드시 필요한 서곡이었다. '인간 게놈 프로젝트'를 필두로 DNA의 배열 순서를 이해하는 우리의 능력은 1990년대에 걸었던 기대를 전부 뛰어넘을 정도로 향상했다. 우리는 현재 수백만 명의 유전 암호를 데이터베이스로 가지고 있으며, 과학자들은 질병과 행동, 혈통에 관한 단서를 얻기 위해 그것들을 정밀 연구하고 분석하고 있다. 더욱 놀라운 것은 수백 년, 수천 년, 심지어 수십만 년 전에 죽은 이들의 정보가 점점 더 늘어나고 있다는 것이다. 이처럼 오래된 뼈들에서 채취한 DNA는 우리의 역사 시대와 선사 시대에 대해서, 우리가 어떻게 아프리카에서 이동해 나와 지구 곳곳에 자리 잡게 되었는지에 대해서 비할 바 없이 귀중한 자료를 제공한다. 이러한 기록들은 인간이 삶을 기록하기 전에 사람들이 어떻게 살았는지를 말해준다.

대부분의 과학 연구는 공적 영역에서 행해지며, 거의 모든 게놈 Genom(유전자의 총량―옮긴이) 데이터베이스는 누구나 살펴볼 수 있도록 열려 있다. 그러나 그것은 몇몇 유전자 계보 회사들이 샘플을 채취해 소유하고 있는 게놈의 양에는 비할 바가 못된다. 그런 회사들은 단돈 백 파운드와 침을 가득 채운 용기만 주면, 지구상에서 당신의 DNA와 가장 닮은 DNA를 가진 사람들을 알려줄 것이다. 소비자에게 직접 시행하는 유전자 검사는 과학적으로나 윤리적으로나 복잡한 주제로 대개는 역겨운 단순화와 낭만적인 스토리텔링으로 끝나기 십상인데, 그것에 대해서는 이 책 후반부에서 자세하게 살펴볼 것이다.

수많은 사람들이 돈을 지불하며 이 검사를 받고 있다. 내가 오랫동안 대중들에게 유전학에 대해 말해오면서 발견한 흥미로운 현상이 하나 있다. 사람들이 일단 지금까지는 알 수도 없고 이해할 수도 없었던 자신의 유전자 암호를 알게 되면, 인종과 정체성, 민족성, 유전학에 대해 나누는 문화적 대화가 바뀐다는 것이다. 대개는 시시한 수준이어서, 가령 백인들은 언제나 자신이 바이킹의 후손이라는 결과를 받고 싶어한다. 솔직히 바이킹족은 정말로 멋졌으니 말이다. 2부에서 나는 정말이지 왜 '모든' 유럽인 후손의 조상 중에는 바이킹족이 있는지를 설명할 것이다. 한편 아일랜드인, 웨일스인, 스코틀랜드인은 켈트족 유전자 계보를 주장하고 싶어하지만, 사실 '켈트족'이라는 것은 일관성 있는 혈통 집단이 아니다. 게다가 문화적으로는 유사성이 있을지 모르나, 가장 최신의 유전자 정보에 따르면 위에서 언급한 세 집단은 서로가 아니라 본토의 잉글랜드인들과 더 비슷한 경우가 많다. 이런 점에서 볼 때, 현대의 유전학을 이용해 이런 식으로 문화적 정체성을 주장하는 것은 그다지 생산적이지 않을뿐더러, 전혀 중요하지도 않다. 우리는 무리, 부족, 가계의 일원이라는 소속감을 갈망하지만 이러한 서사들은 차라리 지리학과 국가, 역사로부터 도출될 수 있을지언정, 혈통적 유전학은 그런 것에 대해 거의 아무것도 말해주지 않는다.

이 스펙트럼의 가장 반대편에는 백인 민족주의자들과 신新나치주의자(neo-Nazi)들이 있는데 그들 역시 유전학을 이용해 자기들의 민족성, 이른바 그들의 인종적 우월성을 주장하려 한다. 2018년 미국의 신나치주의자들은 자신들의 인종적 우월성을 과시하는 새로운 방법을 개발했으니, 바로 '우유를 단숨에 들이키는' 자신들의 모습을 촬영해 공개하는 것이다. 영상 속에서 이들은 웃통을 벗어젖히고 우유를 벌컥벌컥 들이키는데, 유럽인들을 제외하고는 젖을 뗀 이후 대다수가 소화하지 못하는 유당을 소화하는 능력이 자신들에게 유전적으로 암호화되어 있음을 보여주겠다는 터무니없는 시도다. '유당분해효소 지속증'이라는 이러한 능력을 가능하게 한 유전자 돌연변이는 약 8000년 전 유럽에서 발생한 것으로, 자연이 선택한 이 돌연변이 덕분에 일부 사람들은 별다른 장 문제 없이 평생 우유를 마실 수 있다. 이러한 임의적 돌연변이를 허세 부리듯 과시하는 것은 어떤 식으로든지 그들의 인종적 우월성 주장과 관련 있다. 그들은 아마도 그 똑같은 돌연변이가 다른 집단에서도 일어났으며, 카자흐스탄인, 에티오피아인, 투치Tutsi족(르완다와 부룬디에 거주하는 부족—옮긴이), 코이산Khoisan족(남아프리카의 한 부족—옮긴이) 등 낙농업이 큰 비중을 차지했던 여러 집단 및 지역에서도 자주 나타난다는 사실을 알지 못하는 것 같다. 게다가 비단 소젖과 염소젖뿐 아니라, 중동 목축민들의 경우 낙타젖까지 포함해서 말이다.

우유 들이키기가 우스꽝스럽기 짝이 없음에도, 공공연한 인종차별주의자들은 자신들이 활용할 도구로 현대 유전학에 지대한 관심을 보이는데, 그들이 인간 진화와 역사의 복잡성에 대해 오해하는 정도는 그저 바이킹이 되어보기를 동경하는 이들과 별다르지 않다. 대체로 집단 유전학은 자신이 속한 사회 안에서 의미와 정체성을 찾아내려는 오래되고 자연스러운 경향성을 재확인시켜주는 데 이용되고 있다. 인종차별주의를 정당화하려는 시도들은 늘 과학에, 더 정확하게 말하면 오해되고 곡해된 과학, 혹은 그저 겉보기에만 그럴듯한 과학에 뿌리를 두고 있었다. 그것은 결코 사라진 적이 없었지만 이제 21세기의 세 번째 십 년이 시작되는 지금, 인종차별주의는 새로운 유전학에 더욱 힘을 얻어 공공연하게 귀환하고 있다.

유전학은 어렵다. 그것은 우리가 알고 있는 가장 방대하고 복잡한 데이터 세트, 즉 인간 게놈을 파헤치는 일에 달려 있다. 우리가 30만 개의 문자로 이루어진 유전 암호에서 의미 있는 정보를 추출하려고 적용하는 도구들 역시 어마어마하게 복잡하며, 이는 전문성과 깊은 사고를 요하는 고난도의 통계 작업이다. 인종의 역사, 식민주의와 제국, 침략과 노예제도의 역사 또한 그만큼이나 길고 복잡하며, 학문적으로 매우 정밀한 검토를 요하는 주제다. 그러니 이러한 학문들은 우리 모두의 삶에 스며 있다. 인간은 교육받거나 학습하거나 경험을 통해 습득한 편견들로 무장되어 있고, 그런 편견은 현대 과학이 뒷받침해주지 않는 관점들의 토대가 되기도 한다.

우리는 자신의 정체성을 설명해줄 단순한 이야기를 원한다. 이러한 열망은 인간의 다양성과 진화, 역사라는 골치 아프고 극도로 복잡한 현실과 상충된다. 그러나 그것들은 우리의 유전자 안에 기록되어 있다. 이 책의 목적은 우리의 DNA가 인종이라는 개념에 관해 무엇을 말해줄 수 있고, 또 말해줄 수 없는지를 정확하게 해부하고 펼쳐 보이는 것이다.

인류 유전학은 개개인, 질병, 집단과 역사에 있어 우리가 서로와 어떤 점에서 다르고 어떤 점에서 같은지를 연구하는 학문이다. 대부분의 현대 유전학자들은 전통적 분류에 따른 인종 간의 유전학적 다양성이 행동이나 선천적 능력에서 유의미하다는 생각에 동의하지 않는다. 그런데도 복잡한 특성들에 대한 유전학적 근거가 인종에 의한 것이라고 추측하는 학술 논문들은 계속 발표되고 있다. 논문 심사 과정을 거쳐 유명 학술지에 실리는 논문들이 연구를 널리 전파하는 표준적인 방법이기는 하지만, 이것이 진실의 최고 기준은 아니다. 다만 그 연구가 학술적으로 더 깊이 논의될 만한 기준에 부합한다는 뜻일 뿐이다. 유전학은 기술적이고 통계적이며, 케이크를 자르는 방법,[5] 일을 해내는 방법, 혹은 게놈 분야의 관련 연구를 분석하는 방법은 여러 가지가 있다. 과학자들은 결

---

5 1906년, 권위 있는 학술지 《네이처(Nature)》에 동그란 케이크를 자르는 새로운 방법이 발명되었다면서 게재되었다. 그 글의 작성자는 다름 아닌 우생학의 아버지 프랜시스 골턴이었는데, 그는 '케이크를 쐐기 모양으로 자르는 평범한 방법은 아주 잘못된 것'이라고 지적했다. 케이크를 지름에서부터 자르고, 그런 다음 남은 두 부분

과들의 의미에 대해서, 혹은 그들의 분석에 사용된 기술들의 의미에 대해서 언제나 의견이 갈린다. 명성 있는 학술지에 실린 논문에 오류가 있거나, 심지어 논문이 아예 잘못된 경우도 얼마든지 가능하다. 그게 바로 논문이 게재되는 이유다. 다른 전문가들이 그 아이디어들을 확인해볼 수 있도록 말이다. 인터넷 시대인 만큼 연구가 널리 퍼지기는 더 쉬워졌고, 그래서 말썽꾼들이 조악한 주장이나 잘못된 해석을 퍼뜨리기도 그만큼 쉬워졌다. 그 결과, 그러한 학술적 논의의 세세한 부분들은 몰沒과학적인 성난 집단주의, 정체성 정치학, 과학으로 가장한 순전한 인종차별주의의 진흙탕 속에서 상실되고 만다.

인간의 다양성과 복잡성

많은 경우 이러한 논의들은 전문 지식의 부족은 물론, 부정확한 용어에 의해서도 훼방을 받는다. '인종'은 사실 명확하게 정의된 용어가 아니다. 17세기 이후로 사람을 인종 유형으로 범주화하려는 시도들이 이루어진 결과, 현재 인종의 가짓수는 1개에서 무려 63개에 달한다. 우리는 대수롭지 않게 흑인, 동아시아인, 그밖에 수십억 사람들을 지칭하는 범

을 맞닿게 하면 다음날까지도 촉촉함이 유지된다는 것이다. 그 다음에는 역시 똑같은 방식으로, 그러나 전날 잘랐던 것과 직각이 되게 세로로 자르면 된다. 골턴의 지적 유산 중에는 매우 긍정적인 것도 또 부정적인 것도 있는데, 안타깝게도 이 케이크 자르는 기술은 거기에 포함되지 않는다.

주들을 입에 올리지만, 그것은 주로 지리상의 땅덩어리, 혹은 기껏해야 색소에 불과한 몇 안 되는 신체적 특징들에 관련된 것이다.

인종차별주의라는 말에는 여러 정의가 있는데, 가장 간단한 것은 '차별적 행위로 이어질 수 있는, 혈통과 관련된 편견'이다. 그것은 변경이 불가능한 생물학적 특징들에 대한 편견이 그러한 판단에 입각한 부당한 행동으로 이어지는 것으로, 개인적이고 제도적이며 구조적인 차원에서 이루어질 수 있다. 이러한 정의에 따를 때, 인종차별주의는 심지어 시간이 지나며 인종 개념이 변화했을 때도 언제나 존재해왔다. 역사적으로 '인종'이라는 용어는 아종亞種이나 생물학적 유형 등 더욱 과학적인 범주와 유의어로 쓰였지만, 이러한 범주들은 종족과 국가, 민족과 집단은 물론 동물과 식물을 가리킬 때도 사용되었다.

현대 생물학에서 인종은 더 구체적으로, 즉 현대의 통상적 용법에 따라 사람들이 보통 이해하는 일상적인 범주들로 사용되고 있다. 그러나 인간에 관한 분류 체계가 전에 없이 정밀해진 결과, 인종이라는 용어의 역사적인 사용이나 일상적인 사용은 유전학이 인간 다양성에 관해 말해주는 바와 부합하지 않는다. 그 결과, 우리는 곧잘 '인종은 존재하지 않는다.'나 '인종은 사회적 구성물에 불과하다.'는 그럴듯한 말을 하기도 한다.

이런 태도는 의도가 나쁜 것은 아니겠지만, 인간 다양성의 복잡성을 과학적으로 더욱 정확하게 표현하려는 노력을, 그리고 우리 자신이나 타인을 분류해보려는 우리의 서툰 시도들을 저해하는 결과를 낳을 수 있다. 인종은 틀림없이 존재한다. 왜냐하면 그것은 사회적 구성물이기 때문이다. 우리가 답해야 하는 물음은 인종에 기초 생물학과 행동의 측면에서 유의미한 근거가 있느냐는 것이다. 특정 집단 내, 혹은 집단들 간의 주요 유사성이나 변별점을 설명해주는 집단 간의 근본적인 생물학적, 즉 유전학적 차이가 있는 것인가?

만일 인종이 사회적 구성물이라면 그것에도 생물학적인 근거가 있다. 사람들에 대한 대략적인 범주 구분은 색소나 골상骨相 같은 물리적 특성에 따라 이루어지고, 우리는 이것이 대체로 유전자의 표현으로 결정되는 특성들이라는 것을 인정해야 한다. 그러한 유전자의 표현은 사람들이나 집단 간에 다양한데, 우리는 그러한 방식을 역사상 그 어느 때보다도 지금 더욱 깊이 있고 정확하게 조사해볼 수 있다. 문화적 범주화는 거의 다 혈통에서 비롯되며, 이것은 쉽게 말해 한 집단 내의 사람들은 그 집단에 있지 않은 사람들에 비하면 유전적으로 서로 더 비슷하다는 뜻이다. 이러한 다양성이 생물학적으로 유의미할까? 우리가 대체로 '아프리카 기원설(Out of Africa, 현생 인류의 직계 조상이 아프리카에서 출현했으며 약 7만 년 전에 세계 각지로 흩어지면서 현재의 분포가 이루어졌다는 주장—옮긴이)'에서 아프리카에 남았던 이들의 후손과 연관짓는 짙은 색 피부는 유전자로 결정되는데, 이것은 역시나 피부색이 짙은 남인도인이나 오스트레일리아 원주민의 경우도 마찬가지다. 그러나 두 민족 모두 그 조상들은 아프리카를 몇천 년 전에 떠나지 않았는가. 사실 아프리카 사람들의 색소 유전자가 남들보다 더 빨리, 혹은 더 오래 달릴 수 있는 능력을 부여한다고 생각하는 사람은 아무도 없다. 그런데도 색소와 관련해 신체적 능력으로 이어지는 뭔가가 있을 것이라는 흔한 가정은 집요하게 계속되고 있다. 칸트Kant, 볼테르Voltaire, 린네Linné 등 유럽 역사상 많은 영향력 있는 목소리들도 이것을 믿었다.

우리는 자연과 양육(nature and nurture)으로, DNA와 환경으로, 우리가 타고난 것들과 우리 안에서, 그리고 우리에게 일어난 것들로 이루어지는 복잡한 교향곡이다. 우리의 기초 생물학은 우리 부모로부터, 따라서 조상들로부터 물려받은 유전자 안에 각자만의 독특한 조합으로 암호화되어 있다. 그 암호는 불변하며(무해한 돌연변이, 혹은 암 등의 질병을 유발할 수 있는 돌연변이가 아닌 이상) 따라서 우리 삶의 토대를 형성한다. 21세기의 과학에 의해 드러났듯 인간 게놈의 놀라운 복잡성을 제대로 표현할 완벽한 비유는 없다. 사람들은 DNA를 오랫동안 '청사진'이라고 말해왔지만, 이것은 오해의 소지가 있으며 설명적 가치도 거의 없는 용어다. '청사진'이라는 말에는 면밀하게 세워진 계획이 존재하고, 그에 따라 본래적으로 결정된 생물학적 요소들이 있다는 의미가 들어있기 때문이다.

유전자는 아미노산의 배열을 결정하는 암호화된 화학물질들의 연속으로, 이 아미노산이 우리의 생명활동을 가능하게 하는 단백질을 형성한다. 새로이 막 작성된 암호에서 실제 생명체까지 가는 단계들은 엄청나게 복잡하다. 단백질은 효소, 호르몬, 세포 구조, 분자 기계, 수송체의 형태를 띠고, 이 모든 것은 수정受精에서부터 죽음에 이르는 시간과 공간이라는 틀 안에서 다종다양한 세포와 세포 소기관, 세포 조직과 장기들 내 다른 분자들과의 네트워크에 따라 작동한다. 자연과 양육을 이야기할 때 이 두 가지 현상을 정반대로 생각하는 것은 유용하지도 정확하지도 않다. 자연, 즉 DNA는 양육, 즉 DNA가 아닌 모든 것들과 대척점에 있었던 적이 한 번도 없다. 게놈은 DNA의 총합이며, 바로 거기에 유전자들이 들어있다. 비非유전적인 환경을 의미하는 양육은 당신의 부모가 어린 시절에 당신을 안아주었는지, 혹은 무시했는지를 의미하는 게아니다. 그게 아니라, 우주와 당신의 세포들 사이에 이루어지는 모든 상호작용을 의미하며, 거기에는 당신이 양육된 방식을 비롯해 '자궁 속 태아(foetus in utero)' 시절 당신의 성향에서부터 매우 번잡한 체계 속의임의적인 우연과 가능성, 잡음에 이르기까지 모든 것이 포함된다.

20세기에 과학자들은 유전자 결정론과 유전자 부정론이라는 양 극단사이에서 크게 흔들렸다. 전쟁 이전에 유행했던 우생학 움직임은 우리의 강점과 약점이 선천적인 것이며 불변한다고 보았다. 제2차 세계대전의 잔혹함이 드러난 후 연구 문화는 '빈 서판(blank slate)' 이론, 즉 우리의 기질을 형성하는 것은 환경이라는 쪽으로 선회했다. 무엇이 더 우세한지에 대한 논쟁은 지속되지만 진실은 당연히 그 중간 어디쯤에 있다. 우리의 행동에 영향을 미치는 요소로서 유전학의 중요성을 부정하는 것은 분명 어리석다. 이것은 어쩌면 결코 평평하지 않은 운동장에서이루어지는 활동인 스포츠 부문에서 가장 명확할지도 모르겠다. 스포츠 분야에서의 성공은 확실히 근본적으로 생물학적인 것에 근거한다. 즉 생리학과 신체 구조가 승리에 본질적인 것이다. 신체 형태는 전 세계 각 집단마다 다양한데, 스포츠에 너무 열광한 나머지 우리는 유전학과 혈통, 신체 구소를 마음대로 연결하려 하기도 한다. 그러나 유전자는스포츠에서의 성공을 결정짓는 유일한 요소가 아니며, 3부에서 자세히 살펴보겠지만 스포츠에서의 성공은 유전학과 인간 삶의 대단히 복잡한 상호작용이다. 생물학과 문화, 인종에 관해 우리가 대답해야 할 물음들은 유전자의 영향력이 어느 정도인지, 그리고 그것이 특정 집단에만 독특하거나 고유한 것인지 여부다.

인간 연구 자체가 복잡하기는 하지만, 생물학 내에서 우리의 인지 능력을 이해하는 것만큼 더 어려운 분야는 없다. 뇌의 작동 원리를 연구하는 과학은 현재 걸음마 수준에 있다. 뉴런들이 어떻게 생각을 연결하고 담지하는지, 그러한 생각이 어떻게 한 사람 안에서, 또 사람들 사이에서 행동이나 경험으로 번역되는지는 여전히 불가사의로 남아있다. 신경과학, 심리학, 사회학, 인류학은 전부 사람을 연구하는 학문적 분과로 모두 유전학보다 먼저 나오기는 했지만 유전학에 뿌리를 두고 있다. 만일 어떤 불가능한 기적에 의해 우리가 유전학을 인류학보다, 그밖에 다른 모든 학문 분과보다 먼저 발견했다면, 나는 과연 과학적 인종차별주의가 애초에 생기기나 했을지 의문이다. 진화는 우리의 눈을 속인다. 그것은 사람들 모두를 그저 비슷한 존재로 보이게 만들지만, 그 기저의 암호는 뭔가 다른 것을 말하고 있다.

뇌는 생물학적인 것이고, 따라서 유전자를 토대로 만들어졌는데 유전자는 사람들과 집단들 간에 다양하다. 유대인이라는 문화적·사회적·혈통적·가족적 범주에 생물학적 근거가 있을까? 또한 흔히들 말하듯 유대민족이 비非유대인들보다 인지 능력이 더 뛰어나다는 점을 뒷받침할 생물학적 근거가 있을까? 민족적으로 흑인과 다른 집단들 간에 존재한다고 하는 IQ 차이가 유전적 차이점에 기인하는 것일까? 아니면 그 원인은 우리 사회 안에 있을까? 체스나 클래식 음악, 과학처럼 이른바 지적인 활동에서 유대인이 거두는 성공이 순수하게 문화적인 관심 이외에 생물학적 장점의 결과일까?

이러한 두 가지 예, 즉 신체적 기량과 지능은 한 세기 전, 인종차별주의가 문화적으로 훨씬 더 용인되던 시절에 학문 분과로서의 유전학이 탄생했을 때 통용되던 관점을 잘 요약해 보여준다. 사람들은 지금도 가끔 아무렇지 않게 이런 주장을 한다. '유대인들이 지적인 분야에서 우수한 것은 수세기 동안 박해받은 역사, 또한 금융사업에 종사해온 역사로 인해 그들 안에 우월한 인지 능력이 심어졌기 때문이다.' 이와 유사하게 이런 주장도 있다. '수세기에 걸친 노예 생활이 흑인들에게 신체적 힘을 심어주었으며, 특정 스포츠에서 흑인들이 성공을 거두는 것은 그 때문이다.' 이 두 가지 주장은 현 시점의 유전학에서 검증을 시도해볼 수 있는 과학적 가설들이다. 비록 두 가지 모두 새로운 것은 아니지만 말이다. 19세기에 인류학과 진화론, 그리고 생물학적 유전에 대한 더욱 본격적인 연구가 과학의 탈을 쓰고 출현한 이래 수세기에 걸쳐 사람들은 유대인의 뇌와 흑인의 체력에 대해 글을 써왔다. 이러한 생각은 흔히 볼 수 있으며, 백인 우월주의자들만의 전유물이 아니다. 이 책에서 우리는 그것을 검증해볼 것이다.

내 연구 주제에는 식민주의와 백인 우월주의, 그리고 박해에 뿌리를 둔 어두운 과거가 얽혀 있다. 내 학문적 혈통은 태생적으로 과학적 인종차별주의의 탄생, 우생학, 그리고 인간 역사상 가장 심각한 잔혹 행위들과 연관되어 있다. 이런 이야기와 이론들은 생물학에 대한 21세기의 지식으로 무장하고 반드시 다시 살펴봐야 하는 것들이다.

유전학은 인종의 역사와 모든 방식으로 얽혀 있다. 나는 이 책에서 오늘날 유전학이 피부색에 대해 말하는 바를, 그리고 우리 역사와 혈통 속에서 지능에 대해, 신체에 대해, 운동 기량에 대해, 인종과 인종적 순수성, 인종적 우월성이라는 속설들에 대해 말하는 바를 낱낱이 해부해 볼 것이다. 무엇보다 이 책은 과학이 왜곡되고 곡해되고 오용되어 증오를 두둔하고 정당화할 때 휘두를 수 있는 연장이자 무기다.

1부

피부라는 문제

색소 침착의 유전학

사람들이 사용하는 모든 인종적 기표記標들 중에서 가장 두드러지는 것이 피부니까, 피부색에서 시작해보자. 인간은 매우 시각적인 종이고 색소는 우리가 사람을 범주화할 때 가장 우선적으로, 중요하게 고려하는 지표다. 피부색은 햇빛이라는 주변적 영향력을 제외하고는 유전자에 의해 결정된다.

유전자는 단백질을 암호화한다. 단백질은 생명활동을 활성화하는데, 이는 모든 생명체가 단백질로, 혹은 단백질에 의해 만들어진다는 뜻이다. 머리카락은 케라틴keratin으로 만들어지며, 케라틴은 단백질이다. 머리카락과 피부에 색을 주는 멜라닌melanin은 그 자체로 단백질은 아니지만, 멜라닌 생성 자체가 단백질에 크게 영향을 받고, 단백질은 역시나 유전자에 의해 암호화된다. 우리 모두가 동일한 유전자 세트를 갖고 있지만, 그것은 같으면서도 다르다. 가령 두 사람 사이에 유전자 한 개의 배열에서 경미한 차이만 있어도 이는 미묘하게 다른 단백질로 표현될 것이고, 바로 거기서부터 모든 사람 간의 생물학적 차이가 생겨난다. 다시 말해, 우리 각자가 가지고 있는 2만 개 정도의 유전자가 각기 다른 방식으로 작성되는 것이다. 그중 하나가 바로 색깔이다.

현재 유전학의 기반이 굉장히 탄탄하기는 하지만, 그래도 기본 유전 암호를 단백질의 형태와 기능에 연결시키는 것은 까다로운 작업이다. 유전체학遺傳體學(Genomics)의 시대에 점점 더 많은 것이 발견되고 있는 만큼, 암호화된 유전자의 물리적 발현을 예측하기란, 즉 유전자형(genotype, 생물이 가지고 있는 특정 유전자의 조합―옮긴이)에서 표현형 (phenotype, 생물에서 겉으로 드러나는 여러 가지 특성―옮긴이)을 예측하기란 절대로 쉬운 일이 아니며, 대체로는 불가능하다. 19세기의 과학자 그레고어 멘델Gregor Mendel은 완두콩 잡종 교배를 통해 특질들이 엄격한 규칙에 따라 뚜렷한 양상을 띠고 세대에서 세대로 전수된다는 것을 밝혀냈다. 20세기 초 멘델의 연구가 재발견된 이후 '유전자'라는 개념은 유전의 단위 즉, 유전 정보의 개별적 조각으로 규정되었다. 사실 이러한 생각은 20세기에 와서 과학적으로 성문화되었을 뿐, 상당히 오래된 것이다. 유전 질환에 관한 최초의 설명은 『탈무드Talmud』에 나오는데, 생후 며칠 후의 남아에게 할례를 할 때 그 가족의 다른 남자 구성원이 할례를 받다가 출혈로 죽은 전력이 있을 경우 할례를 면제해주라는 랍비들의 지침이 있다. 이것은 오늘날 혈우병으로 알려진 질환이었다. 이와 같은 유전 패턴은 2000년 뒤 멘델 실험의 완두콩 모양이나 색깔에서도 볼 수 있듯이 굉장히 정확한 법칙에 따라 예측 가능하며, 우리는 이것을 '멘델의 법칙'이라고 한다.

유전이라는 전체 그림은 인간의 경우 완두콩에 비해 훨씬 더 복잡한 것으로 드러났다. 특정 유전자가 특정한 성질들과 어떻게 연관되는지에 관한 낡고 단순한 모델들은 지난 몇십 년간 서서히 무너지고 있다. 조현병 같은 질병이나 지능 등 복잡한 인간 특질들의 경우 이것은 전혀 새로운 사실이 아니어서 수십 개, 때로는 수백 개의 유전자들이 해당 증상의 전개에서 작지만 누적된 역할을 하는 것으로 드러났다. 이제 우리가 이 점을 알게 된 지는 수년이 되었다. 게놈은 복잡하고 역동적인 생태

계고, 그 안에서 유전자들은 체내에서 필요한 시기나 장소에 따라 다양한 일을 수행한다. 수정 직후 배아胚芽의 성장에 관여하는 유전자는 이후에 그 생명체의 삶에서 매우 다른 역할을 수행하거나 혹은 아무런 역할을 하지 않을 수도 있다. 어떤 유전자는 다수의 역할을 할 수도 있는데, 우리는 이것을 다면발현(pleiotropy, 하나의 유전자가 두 개 이상의 표현형질에 영향을 미치는 현상―옮긴이)이라고 한다. 상위성(epistasis)이라고 하는 또 다른 현상도 있는데, 그것은 한 유전자의 영향력이 다른 유전자에 의존하는 것을 뜻한다. 그 영향은 긍정적일 수도 부정적일 수도 있으며, 네트워크 속의 서로 다른 유전자들 사이에서 발생할 수도 있고, 우리가 양쪽 부모로부터 반반씩 물려받은 유전자 세트 중 한 유전자의 두 개 사본 사이에서 발생할 수도 있다. 유전자들은 여러 방식으로 여러 가지 일을 하며, 심지어 연구자가 평생을 연구한다 해도 인간 게놈이 작용하는 새로운 방식은 여전히 발견될 것이다. 유전 암호는 수십억 년 동안 고정된 상태지만, 그것이 생명을 형성하는 방식은 진화를 통해 끊임없이 수정되고 있다.

교과서에서는 생물학적 유전의 기본 원리를 다룰 때 눈동자 색깔 등 색소 침착에 관한 예시를 자주 사용하지만, 사실 그것은 학교에서 가르치는 것처럼 간단하지가 않다. 우리는 학교에서 파란색 눈동자와 갈색 눈동자는 동일한 유전자의 상이한 버전에 의해 암호화된다고 배운다.(이것을 '대립 유전자(allele)'라고 한다. 갈색 대립 유전자가 파란색보다 우성이므로, 파란색 눈동자를 가지려면 어머니와 아버지에게서 파란색 대립 유전자를 물려받아야 하고, 한 개나 두 개의 갈색 대립 유전자를 갖고 있을 경우에는 갈색 눈동자를 갖게 된다.) 이것은 얼추 맞는 말 같지만, 초록색 동공 색소에 관여하는 유전자가 있으며, 최소한 십수 개의 다른 유전자들이 눈동자 색깔에 영향을 미치는 것으로 밝혀졌다는 사실을 고려하면 이야기가 복잡해진다. 즉, 우리가 학교에서 배운 것과는 정반대로 부모의 눈동자 색깔 조합과 무관하게 자녀의 눈동자 색깔은 어떤 색이든 될 수 있다는 것이다.

멘델의 단순한 유전 모형이 유지되는 데 역할을 톡톡히 해온 또 다른 예는 MC1R, 그러니까 역시나 모든 색소 침착에 관여하지만, 무엇보다도 머리카락 색깔이라는 아주 눈에 잘 뜨이는 특질에 가장 확실하게 관여하는 유전자다. MC1R 유전자에는 여러 변이가 있지만 그중 17개 정도가 암호화된 단백질의 행동을 바꾸며, 그로 인해 희귀한 특정 멜라닌 색소가 만들어진다. 이러한 변이 유전자의 사본 두 개를 갖고 있을 경우 그 사람은 빨간 머리카락을 갖게 된다. 그런 점에서 빨간 머리카락은 전형적인 우성 특질이다. 즉 MC1R의 빨간색 대립 유전자 두 개를 모두 가진 경우에만 빨간색 머리카락을 가질 것이라는 말이다.

이것이 교과서처럼 받아들여졌지만 2018년 12월, 대규모 유전자 조사 결과 MC1R의 빨간 머리카락 변이 유전자로 인해 실제 빨간색 머리카락을 갖게 되는 경우는 70퍼센트 정도였으며, 두 개의 빨간색 변이 유전자를 가진 사람들 중 상당수의 머리카락이 사실 갈색이거나 금발이었다는 것이 밝혀졌다. 거의 200개의 유전자들이 머리카락 색소에 영향을 주는 것으로 보이는데, 이는 인간 게놈 속 유전자 총 숫자의 약 1퍼센트에 해당한다. 거대한 게놈 데이터 세트의 시대에 접어들어서야 이러한 연구 결과가 나올 수 있었던 것이다. 그 연구에 참여했던 과학자들은 35만 명의 사람들을 상대로 연구한 결과, 한때 단순했던 빨강머리 유전자 모델이 사실은 불가해할 정도로 복잡하다는 사실을 밝혀냈다.

길지 않은 유전학 역사에서 우리는 늘 눈동자 색이나 머리카락 색 등 일견 단순해 보이는 특징들을 설명해주는 단순한 모델을 고수해왔다. 그러나 사람들의 눈을 보면, 아주 옅은 하늘색에서부터 검정에 가까운 색까지 아주 다양한 색들을 볼 수 있으며, 나아가 홍채에서 혼합된 양상이 나타나기도 해서, 상이한 색이 얼룩덜룩하게 나타나거나 완전한 홍채 이색증(heterochromia)을 보이기도 한다. 즉, 눈동자에 서로 다른 색깔이 선명하게 분리된 영역으로 나타나거나, 어떤 경우 각각의 눈동자 색깔이 다르기도 한 것이다.[6] 이처럼 일견 단순해 보이는 특질들로 인간을 범주화하려는 시도들은 쉽지 않으며, 그 기저에 깔린 유전학은 대단히 복잡하다.

피부 색소도 다르지 않다. 멜라닌은 가장 대표적인 피부 색소로, 보호하는 기능을 한다. 수백만 년 전 아프리카의 우리 조상들은 삼림과 정글에서 나와 탁 트인 사바나로 삶터를 옮기면서 몸의 털이 없어지기 시작했다. 숱이 많으면 덥기 때문에 땀을 더 많이 흘리고 몸의 털을 상당

---

6 완전한 양쪽 홍채 이색증은 상당히 눈에 뜨이며 극히 드문데, 대개는 상이한 세포들 안에 두 개의 서로 다른 유전자 쌍이 들어있는 유전자 모자이크 현상으로 인해 발생한다. 데이비드 보위David Bowie에게 홍채 이색증이 있었다고 자주 언급되지만, 그의 증상은 사실 '동공부등瞳孔不等'이라는 완전히 다른 것이었다. 그것은 한쪽 동공이 영구적으로 확장되어 빛의 변화에 반응하지 않는 것으로, 그래서 그의 경우 눈동자가 둘 다 파란색임에도 상이한 색으로 보인 것이다. 그는 학교에서 여자아이와 싸우다가 얼굴을 맞은 후 이런 증상이 생겼다고 한다.

부분 줄이는 등 시원하게 지내기 위한 새로운 전략이 개발되었다. 즉, 우리는 모낭과 땀샘을 맞바꾼 것이다. 그러나 이처럼 노출되는 피부의 면적이 넓어지면 엽산 결핍의 위험이 높아진다. 태양의 자외선 때문에 주요 비타민이 파괴되는 것이다. 이러한 엽산 결핍은 태아의 발달 과정에서 빈혈이나 척추 결함 등 여러 심각한 의료 문제를 야기한다. 이것은 진화상에서 커다란 압박으로 작용하며, 따라서 피부색은 여기에 대처해 적응하게 된다.

피부 아래층에서 특화된 멜라닌 세포들은 멜라닌 색소를 생성하는데, 이것은 멜라노솜melanosome(멜라닌 세포 속에 들어있는 색소 과립─옮긴이)이라는 조그만 자루 안에 담겨 있으면서, 빛을 향해 이동해 다른 피부세포들 위에 자리 잡는다. 그렇게 함으로써 자외선을 흡수하고 차단해, 그 아래에 있는 세포들의 엽산 수치가 자외선 때문에 감소되는 것을 막아준다. 만일 당신이 피부가 하얗다면 멜라닌 색소가 적은 것이고, 따라서 이런 식으로 자외선을 흡수하는 능력이 적다는 뜻이므로, 내가 드릴 수 있는 팁이 하나 있다면 그건 바로 자외선 차단제일 것이다.

이런 기본적인 원리들은 이해하기 쉽지만, 멜라닌 색소에 몇 가지 유형이 있다는 점 때문에 전체 그림은 복잡해진다. 멜라닌의 생성은 체내에서 세포의 위치에 따라 다양하다. 패오멜라닌phaeomelanin은 분홍빛을 띠며, 붉은 머리카락, 젖꼭지, 음경, 질 등에 나타난다. 유멜라닌eumelanin은 더 흔한 것으로 피부, 홍채, 그리고 대부분의 머리카락 색깔로 나타난다. 멜라닌 생성을 촉발하는 생화학적 경로에는 많은 유전자들이 관여되며, 유전자 안에 들어있는 사람들 간의 선천적 다양성은 다양한 피부색의 근본 원인이다. 멜라노솜은 그 크기도 수도 사람마다 다양하며, 눈에 보이는 색소 침착에도 영향을 준다. 눈동자 색깔이나 머리카락 색깔, 그밖에 거의 모든 인간의 특징들과 마찬가지로 색소 침착의 유전학은 복잡하고, 헷갈리며, 고도로 다양하고, 오직 부분적으로만 알려진 상태다.

아프리카 대륙에 54개 나라, 12억 명 이상의 인구가 있는 만큼 아프리카 부족들의 피부색이 거대한 태피스트리와 같으며 일부는 인도인, 오스트레일리아 원주민, 남미인 및 일부 유럽인들과도 중첩된다는 사실은 전혀 놀랍지 않다. 그러나 우리는 '흑인(Black people)'이나 '갈인(Brown people, 피부색에 따라 인종을 구분하는 19세기 분류법에 의할 때 남미인이나 필리핀인 등 흑인보다 옅은 짙은 색 피부를 가리킬 때 사용된 용어. 현재는 영미권에서 피부색으로 인종을 지칭하는 것을 지양하는 추세라 잘 쓰이지 않고, 우리말에서는 해당하는 용어가 없어 임의적으로 '갈인'으로 옮김.—옮긴이)' 같은 용어를 사용한다. 창백한 피부에 붉은 머리카락을 지닌 스코틀랜드인의 색소는 전형적인 스페인 사람의 색소와는 색상표에서 아주 멀리 떨어져 있지만, 그래도 우리는 둘 모두를 '백인(White)'이라고 칭한다. 그나마 요즘에는 그들을 피부색으로 지칭하지 않는 편이지만, 백만 명이 넘는 동아시아인들의 피부색도 마찬가지로 다양하다. 과학적 인종차별주의가 발전하던 수세기 동안 동아시아인 묘사의 핵심이었던 '황인(Yellow)'이라는 표현은 이제 더 이상 쓰이지 않으며, 굉장히 부정확하고 오로지 인종차별적인 표현으로 받아들여진다. 대신 현재 동아시아인들에 대한 대표적인 인종적 기표는 위 눈꺼풀의 몽고주름(이것은 또한 베르베르Berber족(북아프리카의 한 종족—옮긴이), 이누이트Inuit족, 핀란드인, 스칸디나비아인, 폴란드인, 아메리카 원주민, 다운증후군을 갖고 있는 이들에게서도 나타난다.)과 두껍고 검은 직모直毛다. 전통적인 인종 범주는 스스로 만든 분류 체계 내에서도 일관적이지 않다.

수세기에 걸쳐 과학은 발달했고, 우리가 인류에 분류 원리를 적용하는 과정은 더욱더 정교해졌다. 결국 인간의 기원과 인간의 다양성은 유전학 안에서 과학적으로 통합될 것이다. 그러나 적어도 인종이란 무엇이고, 얼마나 많은 인종들이 있는지를 공식화하려는 시도들이 처음으로 이루어졌던 17세기 이래, 이 두 가지는 언제나 함께 고려되었다. 인간 분류의 역사를 논할 때는 그러한 논의가 이루어졌던 문화 또한 반드시 참작해야 하며, 비록 그중 상당수가 오늘날의 관점으로는 받아들이기 어렵고 비과학적이라 하더라도 우리는 그것을 인종차별적이라며 비난하기보다는 그저 '인종차별적'이라고 표현하는 데 그칠 수도 있을 것이다.

인간 분류의 역사

피부색에 대한 사례는 고대사에서부터도 많이 나타나는데, 이집트가 대표적이다. 이집트는 지형상 거대한 나일강 주변 남북으로 길게 뻗어있기 때문에, 북쪽으로는 지중해에서부터 남쪽으로는 현재 수단에 이르기까지 적도 근접성에 따라 다양한 피부색을 만나볼 수 있다. 고대 이집트에서 피부색에 연관된 계급적인, 혹은 사회적인 구조가 있었다는 증거는 거의 없으며, 다만 예술 작품에서 피부색의 다양성이 확인될 뿐이다.

그리스 도시국가, 그리고 나중에 그 자리에 세워지는 제국은 멀리, 넓게 뻗어나갔고 대부분 바다에 인접해 있었다. 그들에게는 에트노스ethnos, 에토스ethos, 게노스genos 등 정체성과 민족성, 국민성 등에 관한 여러 용어가 있었다. 또한 그리스 문학에는 직접적인 번역이 언제나 간단한 것은 아니지만 피부색과 색소에 관한 언급도 굉장히 많다. 그들의 세력 범위는 동쪽에서부터 뻗어나가 아프리카까지 달할 정도였다. 에티오피아에 대한 최초의 언급은 『일리아드Iliad』와 『오디세이Odyssey』에 나오는데, 그 낱말 자체가 '아이토aitho'와 '오프스ops', 즉 '탄'과 '얼굴'이라는 두 낱말을 합친 것이다. 『일리아드』에서 아킬레스Achilles의 머리카락은 '크산토스xanthos'라고 묘사되는데, 그것은 '금발의', '갈색의', 심지어 '불그스레한'이라는 뜻도 될 수 있다. 모든 언어들이 그렇듯 고대 언어도 현재 쓰이는 용어들에 꼭 들어맞지는 않는다. 때로 이런 단어들은 신체적 외양은 물론 성격을 묘사하는 데도 쓰이는데, 이는 현대 영어에서도 마찬가지다. 가령 '금발'은 여성을 멍청하다고 지칭하는 경멸적인 용어로도 쓰이고, '까무잡잡한'은 '까무스름한'과 마찬가지로 몇몇 사전에 '음울한', 혹은 '신비로운'이라는 의미로 설명되어 있다. 오디세우스Odysseus는 때로 '크산토스'로 묘사되지만, 또 가끔은 검은색 피부로 묘사되며, 에밀리 윌슨Emily Wilson의 『오디세이』 번역본에서는 그저 햇볕에 그을린 것으로 묘사된다. 그는 결국 복잡한 남자였던 것이다.

아마도 고전학자가 아닌 우리 대다수에게 고대 그리스인의 피부가 희었을 것이라는 가정은 오늘날 우리가 순수한 흰색 대리석이라고 생각하는 고대 조각상 때문일 테지만, 사실 그 시대의 조각상은 밝은 색으로 색칠된 것이었다. 반면 고대 도자기에 그려진 사람들은 대부분 단색의 검은색으로 묘사되어 있는데, 그렇다고 해서 이게 그리스인들의 피부가 검은 색이었다는 뜻이라고 가정하는 사람은 없을 것이다.

마찬가지로, 로마는 공화국으로서도 제국으로서도 여러 대륙에 걸친 거대한 영토였다. 로마는 남에서도 북에서도 노예를 데려왔으며, 비단 노예제가 아니어도 비非로마인들을 사회로 포섭해 들였다. 고대 로마제국 시대의 영국에 아프리카와 중동 출신 사람들이 살았다는 점은 전혀 논란거리가 아니다. 이런 외국인들의 비율이 어느 정도였는지를 알기는 쉽지 않은데, 로마제국 안에 상당한 다양성이 있었을 뿐 아니라, 피부색을 묘사하는 데 쓰인 단어들의 의미도 명확하지 않기 때문에 더욱 그러하다. 그렇지만 글로 남아있는 증거와 고고학적 증거는 명백하다. 2세기 영국의 로마 총독이었던 퀸투스 우르비쿠스Quintus Urbicus는 현재 알제리인 누미디아Numidia 출생이었다. 비슷한 시대에 사우스실즈의 어느 묘비에는 런던 외곽 출신의 레지나Regina라는 여성의 사망이 기록되어 있는데, 그녀는 시리아 팔미라Palmyra 출신의 바라테스Barates라는 남자와 결혼한 자유 노예였다.

게놈의 시대에 우리는 DNA를 활용해 역사상의 다양한 집단들 간의 섞임을 살펴볼 수 있지만, 로마 시대 영국인들의 경우는 현재 한계가 있다. 이유는 여러 가지다. 로마인들의 뼈에서 추출한 게놈에 대한 연구가 아직 그리 폭넓지 못하고, 이러한 유전자들이 현대의 게놈에서 아예 사라져버렸을 가능성도 상당히 높다. 또한 아마도 우리가 폭넓게 집단 혼합(admixture, 서로 다른 집단들 사이에서 이루어지는 상호 교배를 가리키며, 이러한 결합의 결과로 만들어진 DNA를 뜻하기도 한다.—옮긴이)이라고 칭하는 것, 즉 토착민들과의 성적인 관계도 그리 많지 않았을 것이다. 이는 중세에 데인Dane법法(현재 덴마크 지역에 살았던 북게르만인인 중세 데인족이 잉글랜드를 통치할 당시 세웠던 법—옮긴이)과 전반적인 법이 몇 세기 동안 시행되었어도 오늘날 영국인들에게 덴마크인 DNA의 흔적이 거의 없는 것과 마찬가지다. 그러나 아프리카인과의 집단 혼합이 이루어졌음을 보여주는 표시는 뚜렷하게 남아있다. 2007년에 아프리카와는 전혀 연관이 없다는, 요크셔 출신의 백인 남성들 일부가 기니비사우Guinea-Bissau 같은 나라들에서 흔하게 발견되는 Y염색체를 가진 것으로 밝혀졌는데, 이러한 유전자 흐름(gene flow, 상이한 집단의 상호 교배가 이루어짐에 따라 자손들 사이에서 양쪽 집단의 유전적 특질들이 지속적으로 섞이는 현상—옮긴이)은 로마 시대 영국에서 발생한 것일 수 있다.

이것은 과거 유럽을 유토피아적인 평등의 용광로로 묘사하려는 것이 아니다. 오히려 그와는 정반대다. 당시는 방대한 노예화와 식민지 확장의 시대였다. 종교 및 민족적 고정관념과 편견도 팽배했다. 그러나 예속에 대한 그들의 기준은 오늘날 우리의 기준과는 달랐으며, 피부색이나 머리카락 색이 언제나 상대방의 특징이나 혈통을 결정하는 주요 요소는 아니었다.

중세 이슬람 문화권의 경우, 현재 전해 내려오는 문헌에는 피부색을 근거로 한 우월성이나 편견에 대한 언급이 매우 적으며, 17세기 와서야

철학자 이븐시나Ibn Sina의 글 등에서 그런 것을 볼 수 있다. 가령 그는 (중동에 비해) 극단적인 기후에 노출된 사람들은 지역적으로 결정되는 기질상의 차이 때문에 노예가 되기에 더 적합하다고 믿었다. 하얀 피부의 유럽인들은 무지하고 분별력이 부족하며, 짙은 피부의 아프리카인들은 변덕스럽고 어리석다. 따라서 두 인종의 경우 모두 900년이 넘는 기간 동안 500만 명 이상이 노예가 되어 압제당한 일이 적합했다는 것이다.

인간의 분류에 대한 과학적(혹은 더 정확히 말하면, '유사과학적') 접근은 우연찮게도 유럽 제국들의 성장과 맞물렸다. 유럽인들이 전 세계로 퍼져나가기 전에는 서로 다른 집단에 대한 특징을 묘사할 때 피부색보다는 종교나 언어를 언급하는 경우가 훨씬 더 많았지만, 과학혁명의 시대가 탄생하고 또 발전해가면서 색소가 인간의 특징에서 본질적인 것이 되고 말았다.

인류학의 선구자들 중에 과학적 원리를 중시했던 이들도 몇몇 있는 것은 사실이지만, 잠재적 식민지, 혹은 실제 식민지의 사람들을 타자화하는 것은 예속을 용이하게 하는 결과를 낳았다. 만일 당신이 토착민들은 식민지 개척자들과 다르며, 다른 기원에서 나왔고, 질적으로 열등하다는 점에 설득되었다면, 그들을 점령하고 노예로 삼는 것도 훨씬 쉽게 납득할 것이다. 그러나 이처럼 인종차별주의가 자행되는 와중에도 17세기부터 일각에서는 모든 인간이 아담과 이브의 자녀라는, 인종적으로 덜 분열적인 그리스도교적 관점을 고수하는 이들도 있었다. 이러한 생각, 즉 인류 일원설(monogenism)은 로버트 보일Robert Boyle(17세기 아일랜드의 화학자—옮긴이)이나 임마누엘 칸트Immanuel Kant 같은 대학자들에게 지지를 받았다. 칸트는 모든 인류의 기원은 단일하지만, 지역적 환경에 의해 피부색 등 확고한 차이점들이 발생했다고 주장했다.

이와 반대되는 이론인 인류 다원설(polygenism)은 특정 인간 집단들이 현재 그들이 살고 있는 지역에서 생겨났고, 따라서 고립된 진화를 통해 상이한 생물학적·문화적 행동 양식을 갖게 되었다고 주장했다. 이 이론의 지지자들 중에는 볼테르Voltaire가 있다. 계몽사상의 대표주자인 그는 열렬한 인류 다원주의자였으며, 1769년에 이렇게 썼다.

"현명한 사람들은 사람이 신의 형상을 본떠 창조되었다고 말한다. 지금 여기에 신성한 창조자(Divine Maker)의 사랑스러운 형상이 있다. 납작하고 새까만 코, 아주 적거나 거의 없는 지능. 이 동물들이 땅을 잘 경작하는 법, 집과 정원을 아름답게 꾸미는 법을 알게 될 때가, 그리고 별들의 길을 알게 될 때가 올 것이라고 믿어 의심치 않는다. 모든 것에는 시간이 필요한 법이니까."

스웨덴 박물학자 칼 린네Carl Linné는 우리가 오늘날까지도 사용하는 모든 생물의 분류 체계를 세웠는데, 바로 속屬과 종種이 그것이다. 가령 '호모 사피엔스'처럼 말이다. 1758년, 린네는 그의 대표 저서인 『자연의 체계(Systema Naturae)』 10판에서 인간을 다섯 개의 범주, 혹은 아종亞種으로 나눈다. '아페르Afer', '아메리카누스Americanus', '아시아티시쿠스Asiaticicus', '에우로패우스Europaeus', '호모 사피엔스 몬스트로수스 Homo sapiens monstrosus(각각 아프리카인, 아메리카인, 아시아인, 유럽인, 괴

물인간이라는 의미—옮긴이)'가 그것이다. 상당 부분 피부색을 기준으로 삼기는 했지만, 그가 비교적 평범한 생물학적 특질들을 제치고 온갖 종류의 인종차별적 가치 판단을 적용했다는 사실은 눈여겨볼 만하다. '아페르'는 게으르고, 수치심 없이 여성과 교미하며, 변덕에 지배받는다. 한편 '아메리카누스'는 검은색 직모에 피부는 붉고, 열성적이고 고집스러우며, 풍습에 지배받는다. '아시아티시쿠스'는 엄격하고, 거만하며, 탐욕스럽고, 의견들에 지배받는다. 그렇다면 '에우로패우스'에 대한 그의 판단은 어떨까? 점잖고, 정확하며, 창의적이고, 법에 지배받는다. '호모 사피엔스 몬스트로수스'의 경우 린네는 전설과 현대 과학을 뒤섞어서, 자연인, 늑대소년, 야생소녀, 파타고니아 난쟁이, 고환이 하나뿐인 호텐토트Hottentot족 등 신화적이고 다소 기괴한 인간들까지 포함시켰다.

사람을 범주화하고 인종적인 위계를 정당화하려는 이러한 시도들 속에서 모두가 이렇게 적대적이고 인종차별적이었던 것은 아니다. 18세기에는 독일 인류학자 요한 블루멘바흐Johann Blumenbach가 거의 처음으로 인간 집단들에 과학적 원리를 적용했다. 그는 또한 인간을 다섯 가지 혈통 집단으로 나누었는데, 코카서스Caucasus인(백인 유럽인), 서아시아인과 북아프리카인, 에티오피아인(사하라 이남 아프리카인), 동남아시아를 제외한 동아시아인인 몽고인(동남아시아인의 경우 그는 말레이인이라는 범주를 따로 만들었다.), 그리고 아메리카 원주민이 그것이다. 그의 경우는 60개의 두개골 측정을 근거로 한 머리뼈 계측법(craniometry, 머리뼈와 얼굴뼈의 용적을 과학적으로 측정하는 것—옮긴이)이 주요 기준이어서 피부색보다 훨씬 큰 비중을 차지했다. 비록 오늘날까지도 사용되고 있는 색소 멸칭 몇 개가 그의 분류 체계에서 비롯되기는 했지만 말이다.

그는 자신의 다섯 가지 범주를 백인, 흑인, 황인, 갈인, 홍인으로 지칭했다. 그는 약간 특이한 종류의 성경적 창조론자로서, 아담과 이브가 아시아에서 태어난 흰 피부의 코카서스인이었으며, 그들의 후손이 아시아를 기점으로 전 세계로 이주한 것이라고 주장했다. 이것은 가령 아프리카인의 짙은 색 피부 색소가 햇빛에 대한 반응인 것처럼, 인종이 각 지역의 환경적 조건에 의해 발생했다는 '퇴행적 가설'로 알려졌다.[7] 블루멘바흐는 이러한 체계를 유지하면서도 이 다섯 가지 다양성이 모두 단일한 종이라는 점에 있어서는 확고했다.

블루멘바흐가 비록 거의 모든 면에서 틀리기는 했지만, 인간의 이동과 진화에 대한 현대 과학적 이해에 근접했다는 점은 흥미롭다. 우리는 이제 '호모 사피엔스'가 아프리카 종에 기원을 두고 있다는 것을 안다. 아마도 범凡아프리카인이라고 할 수 있을 것이며, 동아프리카 대지구대(Rife Valley)에 뿌리를 두고 있는 것은 확실하고, 또한 북부 아프리카에서 약 30만 년 전까지 거슬러 올라가는 우리 종의 가장 오래된 유해가 발견되었으니 북부 아프리카에서도 기원했다고 말할 수 있을 것이다. 우리는 또한 흰 피부는 날씨가 흐린 북쪽 기후에서 약한 햇볕에 노출되면서 자연 선택(natural selection, 생존 경쟁에서 환경에 적응해 살아남은 개체가 자

---

7 여기서 '퇴행적'이라는 말은 우리가 오늘날 사용하는 것과 같은 의미는 아니고, 완벽한 형상에서 별안간 추락한 것이 아니라, 원래 형태에서 변화되어왔다는 의미의 '퇴행'이다.

손을 남기게 되는 것—옮긴이)을 통해 적응한 결과라는 것을 안다. 뿐만 아니라, 블루멘바흐가 아프리카인들이 백인 유럽인들보다 열등하다고 단언함에 있어 더 절제하는 태도를 보였다는 점도 눈여겨볼 만하다. "하늘 아래, 완벽하게 해내는 능력, 과학 문화에 대한 본래적 역량 같은 것들에 있어 너무나 차이가 나서 지구상의 가장 문명화된 나라들에 빌붙어야 할 정도로 소위 '야만적인' 국민이란 없다. 검둥이(Negro) 말고는 말이다."

블루멘바흐의 또 다른 동시대인이자 칸트의 적대자였던 요한 고트프리트 폰 헤르더Johann Gottfried von Herder는 훨씬 더 현대적으로 보이는 과학적인 관점을 견지했다. 그는 네 가지나 다섯 가지 인종 범주는 보기에만 그럴 듯하다고 주장했다. 그는 "색깔들은 서로 이어지게 되어 있다."고 쓰면서, 인간의 다양성을 "체계적인 자연의 역사보다는, 물리적-지리적인 인간의 역사에 속하는" 연속선상의 대상으로 보았다.

폰 헤르더의 평가는 전 세계 인간 여정에 대한 21세기의 과학적 견해와 놀랄 만큼 비슷하다.[8] 그러나 그의 목소리는 피부색은 선천적으로 품성과 연관되고, 생물학적으로 타고나는 것이며, 따라서 인간을 범주화하고

---

8 그러나 우리는 폰 헤르더가 인종차별주의자가 아니었다거나, 현대 과학자의 선구적 모델이었다고 생각하는 실수를 저질러서는 안 된다. 그는 이렇게 쓴 바 있다. "유대인이 최고위직에 있는 부처는… 유대인이 옷장의 열쇠를 쥐고 있고 자금을 운영하는 집안은… 물이 빠지지 않는 폰티노Pontine 습지와 같다." 그는 또한 "검둥이 아이는 흰 피부로 태어나지만, 손톱 주위의 살, 젖꼭지, 치부가 제일 먼저 색을 띠기 시작한다… 돌출된 입 때문에 코는 낮고 작으며, 이마는 뒤쪽으로 밀려있어서, 멀리서 보면 유인원의 얼굴과 비슷해 보인다."고 썼다.

순위 매기는 것은 타당한 방법이라고 본 칸트의 더 강력한 주장에 묻혀 버렸다. 피부가 흰 사람들이 짙은 색 피부의 사람들보다 더 우월했다.

칸트는 또한 이러한 특질들은 변하지 않는다는 자신의 관점에 확고했다. 아프리카인들의 검은 피부는 고정불변이었고, 그와 함께 우둔함, 또한 관련된 일부 특징들도 마찬가지로 불변의 사실이었다. 불변성에 대한 이런 관점은 프랑스 박물학자 조르주 퀴비에Georges Cuvier도 갖고 있었는데, 그는 1798년에 인간을 코카서스인, 몽골인, 에티오피아인의 세 인종으로 분류했다. 그는 세 인종을 동일한 순서로 순위 매기고, 유럽인이 가장 아름다우며 '천재성과 용기, 활동성 측면에서도 다른 인종에 비해 우월'하다고 보았다.

19세기, 생물학은 진정한 혁명을 향해 조금씩 다가가고 있었다. '진화'라는 사상이 등장하고 '특별한 창조'라는 개념은 점점 멀어지면서 과학 문화는 바뀌고 있었다. 그리고 1859년 찰스 다윈의 『종의 기원(*The Origin of Species*)』은 지구상의 생물들의 역사를, 그리고 인간을 포함해 모든 생물들이 거쳐야 했던 과정들의 실상을 밝혀냈다. 자연 선택이라는 개념이 등장하자 지구상의 생명은 연속적이라는 것이 우세한 사상이 되었지만, 범주화와 분류 체계는 여전히 필요했다. 생명은 연속적이지만 생명체들 사이에는 실질적이며 타협 불가능한 경계들이 존재했다.

1870년, 다윈의 친구이자 가장 열렬한 옹호자였던 토머스 헉슬리 Thomas Huxley는 인간 종 내에서 다시 분류를 시도하는데, 비록 린네의 '네 개의 인류 대大집단(이제 '괴물인간'은 빠졌다.)'이라는 개념에 갇혀있기는 했지만, 개별적 집단을 십수 가지로 자세하게 기술하고, 각각의 차이점을 과학적으로 설명하려고 노력하는 등 훨씬 구체적인 그림을 제시하기에 이르렀다. 그는 집단의 하위 구분에 다행히 한 번도 유행한 적 없는 이름들을 적용해, 가령 흰 피부의 백인들에게는 '크산토크로이Xanthochroi', 지중해 부근의 그보다 짙은 색 피부의 유럽인들에게는 '멜라노크로이Melanochroi'라는 명칭을 붙였다. 헉슬리는 빅토리아 시대 학자로서 당시의 전문 용어를 사용하고 상당 부분 두개골 계측에 의존하기도 했지만, 또한 판독이 불가능할 정도로 부정확한 언어를 사용하기도 했다. 예를 들어 '검둥이의 신장은 평균적으로 제법 양호하고, 몸통과 사지는 잘 만들어졌다.'는 식이다. 그러나 그는 또한 결국엔 모든 집단들이 혼합되어 있음을 인정하기도 했는데, 이는 21세기 유전학에 의해 증명된 사실이다.

이런 경향은 비슷하게 계속되었다. 20세기 들어 영향력 있는 미국의 인류학자 칼턴 쿤Carlton Coon은 '호모 사피엔스'를 다섯 부류로 나눴는데, 바로 '코카소이드Caucasoid', '몽골로이드Mongoloid(동아시아는 물론 아메리카 대륙의 토착민 모두를 포함)', '오스트랄로이드Australoid(오스트레일리아 원주민)', 그리고 두 가지 유형의 '네그로이드Negroid', 즉 '카포이드Capoid(케이프 주 인근 아프리카 남부 출신)'와 '콩고이드Congoid(콩고 출신)'가 그것이다. 현대 과학은 이러한 분류를 거부하지만, 그래도 내 강의 중에 장년층 일반 시민들이 이러한 분류를 언급하는 걸 보면 분명 그들에게는 계속 받아들여지고 있는 것 같다.

인류를 몇 개의 인종으로 분류하려는 시도가 계속 실패하고 있다는 것은 그것이 어리석은 아이디어라는 방증이다. 피부색이나 머릿결, 그밖에 여타 얼굴의 특징들에 관한 기존의 광범위한 일반화를 제외하고, 얼마나 많은 인종이 있는지, 혹은 그것의 본질적 특징이 무엇일지에 대해서는 동의가 이루어진 적이 한 번도 없다. 인류 기원에 관한 다윈 이전 시대의 수많은 관점들의 경우 그 근거나 증거, 동기가 무엇이었는지를 밝혀내기는 어렵다.

"시간이 옛것을 조악하게 만든다."고 시인 제임스 러셀 로웰James Russell Lowell은 썼다. 18세기 및 19세기 인류학자들의 글 속에 들어있는 옛 언어들은 현대 과학적 관점에서 볼 때 늘 명료하지만은 않다. 가끔은 인종과 종이 섞여 쓰이기도 하고, 블루멘바흐 같이 좀더 과학적인 관점을 취하는 이들이 있는가 하면, 칸트나 볼테르의 견해처럼 오늘날의 기준에는 영락없이 해로운 인종차별적 관점들도 있다. 그러나 이러한 사상들은 모두 문화적 맥락 속에서, 그들이 그 글을 쓴 시대 안에서 간주되어야 한다. 그러한 사상들은 모두 무역로 확장과 식민주의, 제국 건설의 결과 세상의 다른 사람들을 접하게 된 유럽 남성들에 의해 만들어진 것이고, 많은 경우 그들은 새로이 맞닥뜨린 사람들을 정복하고 노예로 만들었다. 인종 자체가 탐험과 착취, 약탈의 시대에 발명되었고, 당시 식민지 주민들에 대한 타자화는 실제로 인간 동물원을 만들 정도까지 심각했다.

1810년 사르키 바트만Saartjie Batman이라는 이름의 코이코이Khoikhoi족 여성이 케이프타운에서 런던으로 끌려와 피카딜리 극장 무대에 전시되었다. 때로는 주인공을 가죽끈에 묶은 채 진행하기도 했던 이 전시의 제목은 〈호텐토트족 비너스―아프리카 내부의 최대 현상〉이었다. 사르키(혹은 어린 사라Sarah)는 네덜란드식으로 지어진 이름으로, 그녀의 본명은 이제 잊혀서 알 수 없다. 바트만의 인종이 분명 관심의 원인이었지만, 그녀는 극단적인 비만이나 극단적인 깡마름, 극단적인 키, 그밖에 다른 극단적인 의학적 기형이 전시되는 오늘날의 '프리크쇼freakshow'와 흡사하게 그 시대의 '살아 있는 진기명기'로 볼거리가 되었다.

이후 4년간 런던 및 영국 전역을 돌며 순회 쇼를 한 바트만은 프랑스 동물 훈련사에게 팔려가 파리 왕궁에서 전시되었다. 거기서 그녀는 사실상 노예와 다름없이 살았으며, 조르주 퀴비에를 포함한 과학자들에게 정밀 검토의 대상이 되었다. 그들의 특별한 관심이 쏠린 부분은 둔부지방축적(steatopygia)이라고 하는 코이코이족의 흔한 특징, 즉 바트만의 엉덩이와 가슴에 축적된 지방층이었고, 대중에게 공개되지는 않았지만, 분석 결과 바트만의 음순은 상당히 큰 것으로 밝혀졌다. 사라 바트만은 1815년, 26세의 나이로 사망했으며, 사인은 천연두와 매독으로 짐작된다. 퀴비에가 부검을 했는데, 그것은 사인을 밝혀내기 위한 것이 아니라 해부학적 특징을 더 깊이 조사해보려는 목적이었다. 착취와, 문자 그대로 대상화에 관한 이 암울한 이야기는 퀴비에가 발전시키고 있던 과학적 인종차별주의의 핵심 파트였다. 바트만의 신체는 그가 가정한 에티오피아인이라는 범주에 전형적이고 확실한 예시가 되었다. 즉 에티오피아인은 행동과 역사 면에 있어서 선천적으로 우월한 다른 종의 사람들과 연관성이 전혀 없는 인간 부류라는 생각이었다.

19세기는 인류 다원설이 서서히 잦아드는 추세였다. 다윈의 진화론은 인류가 아주 오래되었으며, 지구의 나이는 표준적인 창조론자들이 말하듯 6000년이 아니라 수백만 년에 달한다는 전제 위에 세워져 있었다. 그렇다 해도 20세기 후반부 내내 인간의 기원에 관한 과학적 논쟁은 '아프리카 기원설'과 다多지역 기원설의 대립이었다. '호모 사피엔스'는 아프리카에서 진화한 다음 전 세계로 퍼진 것일까, 아니면 우리의 초기 조상들은 훨씬 더 일찍 아프리카를 떠났고, 우리가 현재 집단들 사이에서 보는 차이점들은 별개의 혈통으로서 진화한 것일까?

이것은 인류 일원설과 인류 다원설의 20세기 버전이라고 볼 수 있지만, 그래도 다지역 기원설이 사상적으로 인종차별적이지는 않았다는 점은 짚고 넘어가야 한다. 그것은 다만 틀렸을 뿐이다. 1990년대에 고대 인간 화석이 묻힌 명실상부한 지하묘지가 동아프리카 대지구대 및 그 인근에서 발견되면서 아프리카 기원설은 명백하게 승리를 거두었다. '호모 사피엔스' 종이 전 세계로 확산되었다는 가설의 기원이 이제 아프리카에 있었다. 앞으로 더 밝혀질 세부 사항들이 아직 많지만, 이것이 현재 보편적으로 받아들여지고 있다.[9] 앞서 언급했듯, 가장 오래된 현생 인류는(더욱 고대의 형태이기는 하지만) 아프리카 동부가 아니라 현재 모로코 지역에 거주했으며, 모든 증거들은 그곳이 오늘날로부터 약 7만 년 전 아프리카 기원설에서 말하는 확산이 시작된 곳임을 분명하게 가리키고 있다.

---

9 2019년 7월, '호모 사피엔스'의 두개골이 그리스의 어느 동굴에서 나왔는데, 21만 년 전 것으로 언급되었다. 이것은 현생 인류가 일찍이 아프리카에서부터 퍼져나갔다는 최초 증거는 아니지만, 가장 오래된 증거이기는 하다. 우리는 이러한 초창기 이주자들이 현재 인류와의 연속선상에 있는 것으로 보지는 않으며, 따라서 그들의 혈통이 멸종되었고, 네안데르탈인이 그 뒤를 이었을 것으로 추정한다.

유전학과 손잡은 역사

현생 인류의 이처럼 먼 선사 시대는 인종 분류의 역사 측면에서 대단히 중요하다. 20세기 초에 인류 과학은 생화학적 신기술들과 손을 잡기 시작한다. 비록 전체 궤적은 21세기 유전학에 이르러서야 온전하게 이해되는 것이었지만 말이다. 차이에 관한 생물학이 더욱 세부적인 차원으로 들어갔고, 그것은 피부가 아니라 혈액으로 시작되었다.

혈액이 유전을 이어나가는 매개체라는 생각은 오래되었다. 우리는 혈통이나 순혈純血에 대해서 이야기하지만, 현재 유전에 대한 일상 대화에서는 DNA와 유전자가 그와 동일한 개념으로 여겨진다. 혈액은 20세기 인간 분류학에서도 중요한 역할을 한다. ABO 혈액형 체계는 20세기 초에 나왔다. 각각의 혈액형은 ABO 유전자 중에서 미묘하게 다른 대립 유전자가 발현된 결과인데, 이런 식의 유전자적 차이가 언급되는 것은 당시 이것이 최초였다. 1919년, 루드빅 힐쉬펠트Ludwik Hirschfeld와 한카 힐쉬펠트Hanka Hirschfeld는 혈액형에 국가별(유대인 포함) 차이점이 있는지 알아보기 위해 16개 군인 집단의 혈액 유형을 연구했다. 그들은 A형과 B형이 세계 전역에 군집을 이루면서 분포되어 있다는 것을 발견했다. 이것은 역사적으로 두 개의 인종이 있었고 차후에 혼혈이 이루어졌다는 그들의 이론에 근거를 제공했으며, 왜 비슷한 혈액형 집단이 아주 멀리 떨어진 지역에서도 발견되는지를 설명해주었다. 사실 이같은 ABO 혈액형 체계는 긴팔원숭이나 긴꼬리원숭이들에게서도 발견되며, 인류의 혈통보다 더 오래된 것이다. 힐쉬펠트 형제는 그러나 이러한 검사를 실시하는 과정에서 자신들의 편견을 숨기지 못했다. "영국인들에게 목적이 과학적이라고 말하는 것으로 충분했다."고 루드빅 힐쉬펠트는 자서전에 썼다.

> "우리는 누구한테 죄를 짓고도 처벌받지 않는 법을 알아낼 수 있다며 프랑스 친구들을 조금 놀리기로 했다. 우리가 검둥이들에게 혈액검사를 하면 누가 여길 떠날 자격이 되는지 알 수 있다고 하자, 그들은 즉시 그 검은 손을 우리에게 뻗었다."

자주 인용되는, 유전적 다양성에 대한 리처드 르원틴Richard Lewontin의 고전적인 연구 역시 혈액을 이용해 인종 개념을 연구했다. 르원틴은 1972년 「인간 다양성의 배분(The Apportionment of Human Diversity)」이라는 제목의 논문에서 유전자적 차이의 대다수가(85퍼센트) 기존 개념의 인종들 사이가 아니라, 인종 '내'에 있다는 것을 밝혀냈다. 인종에 따른 차이는 6퍼센트에 불과했다. 논문이 발표된 이후로 이런 결론에 대해서 이따금 이의가 제기되고는 있지만, 대체로 이것은 여전히 정확하다. 대표적인 반론은 2003년, 수학자 앤서니 에드워즈Anthony Edwards가 제기한 '르원틴의 오류'로, 만일 하나의 게놈 안에 있는 다수의 다양성을 모두 합한다면, 사실상 그 사람이 정확하게 어느 집단에서 왔는지를 예측할 수 있다는 것이다. 두 가지 결과 모두 참이며, 다만 세부적인 부분과 정확도 면에서 다를 뿐이다.

우리는 또한 게놈을 읽어내는 데 점점 더 능숙해지고 거기에 우리의 지식을 더 많이 적용할 수 있게 되면서 집단 간 차이점에 대해서도 더욱 정확한 그림을 그릴 수 있게 되었다. 21세기 인간 집단 유전학에 관한 훌륭한 연구 중 하나가 바로 게놈 혁명의 초창기인 2002년에 이루어졌다. 전 세계 수많은 사람들의 게놈을 보유함으로써 이제 우리는 게놈 전부를 심층조사해 그것들이 얼마나 비슷한지 연구해볼 수 있게 된 것이다. 이러한 기법은 한 집단의 대표성을 띠는 사람들 간의 상이한 유전자 문자를 채취한 다음, 컴퓨터 프로그램을 통해 그것을 유사성의 지도를 만들 듯이 클러스터로 묶어 분류하는 식으로 이루어진다. 노아 로젠버그Noah Rosenberg와 그의 팀은 각기 다른 52개 지역 출신의 사람 1056명을 분석해, 그들의 게놈 안에서 DNA가 각기 다르다고 알려진 377군데를 조사했다.[10] 이 특별기법에서 우리는 이러한 다양성들을 컴퓨터를 활용해 하나의 클러스터로 묶는 작업을 한다. 처음에 둘로 시작한다고 치면, 가령 하나의 인간 그룹을 아프리카인과 유라시아인으로 식별하고, 다른 하나는 동아시아인, 아메리카 원주민과 오스트레일리아 원주민으로 식별한다. 세 개의 묶음으로 분류할 경우에는, 아프리카인이 별개의 그룹으로 떨어져나간다. 다섯 개일 경우, 오스트레일리아 원주민이 별개의 그룹이 되어, 아프리카인, 유럽인(서아시아인 포함), 동아시아인, 아메리카 원주민, 그리고 오스트레일리아 원주민으로 묶이는 것이다.

---

10 이 연구에서 다뤄지는 부분들을 미세부수체(microsatellite)라고 하는데, 이것은 튀는 레코드판처럼 짧게 반복되는 DNA 서열을 말한다. 사람들 간에 다양성을 만드는 것은 이러한 반복의 '횟수'다.

이것은 과학적 인종차별주의 시대의 고전적인 인종 분류 체계와 놀랍도록 비슷하다. 그렇다면 그들이 결국에는 맞았다는 뜻일까? 그렇지 않다. 이런 종류의 분석은 집단들 간의 개괄적인 유사성을 보여줄 뿐이다. 즉, 그것은 지리학적으로 나뉜 땅덩어리를 반영하는데, 거대한 대륙이 재생산에 넘을 수 없는 장벽은 아니지만 종간種間 교배에 방해가 되기는 한다. 그것은 또한 진화론적 역사와 이동을 반영하기도 한다. 데이터는 또한 모든 클러스터들 간의 길고 분명한 기울기를 보여주었을 뿐, 한 집단이 어디서 끝나고 다른 집단이 어디서 시작하는지를 확실하게 말해주지는 않았다. 이러한 집단 구조들 사이에는 선명한 경계가 없었으며, 오히려 사람들 간의 연속성이 확인되었다. 요한 고트프리트 폰 헤르더가 지적했듯이, 인간 다양성은 외부의 인위적인 분류 체계에 따르는 게 아니라 역사를 반영하기 때문이었다.

로젠버그의 논문은 인종차별주의자들이 실제로 유전적으로 분명하게 구분되는 다섯 인종이 존재한다는 잘못된 주장을 할 때 자주 이용된다. 사실은 그렇지 않으며, 이것은 데이터에 분명하게 나와 있다. 범주가 둘로 설정되어 있을 때 아프리카와 유럽, 서아시아는 하나로 묶이고 세상의 나머지 전체가 다른 하나로 묶인다. 인간을 분류하는 데 다섯 범주를 고수해야 할 선험적인 이유는 전혀 없으며, 틀렸다는 게 밝혀졌음에도 초기 분류에 부합한다는 이유만으로 계속 다섯 범주를 고집하는 것은 기존의 편견을 재확인하는 것일 뿐이다. 가령 분류 집단의 개수를 여섯 개로 늘리면, 그때는 칼라샤Kalasha라는 집단이 나타날 것이다. 그들은 파키스탄 북부에 거주하는 인구 4000명가량의 부족으로, 자기들

민족 집단 내에서만 배타적으로 족내혼을 하면서 힌두 쿠쉬Hindu Kush 산맥의 상당히 고립된 환경 속에 산다. 이러한 민족이 유전적으로 상당히 뚜렷하게 구분되기는 하지만, 심지어 가장 열성적인 인종주의자들조차 칼라샤 족을 여섯 번째 인종이라고 칭하지는 않을 것이다.

이런 연구들은 모두 방대한 데이터 세트에 대한 복잡한 통계적 분석의 결과이며, 전부 표현형이 아니라 유전자형에 근거한다는 점을 명심하자. 이는 DNA 속의 차이점과 유사점들이 샘플 집단의 출신을 예측하는데 유용할 수는 있겠지만, 그것이 꼭 주로 색소에 의해 결정된 전통적인 인종 범주와 상응하지는 않는다는 뜻이다. 이러한 유형의 분석은 전적으로 유효하며, 인간 역사와 이동, 집단 및 사람들 간의 유전적 다양성을 연구하는 근간이 된다. 우리는 클러스터의 숫자를 계속해서 늘려갈 수 있으며, 그렇게 해서 훨씬 더 정확한 유사성과 교집합들을 찾을 수 있을 것이다. 2015년, 해상도가 훨씬 높은 유전적 지도를 영국인들에게 적용하자 수 세대에 걸쳐 데본Devon에 살았던 가족들은 콘월Cornwall 족으로부터 구분될 수 있었고, 이러한 정확한 차이점들을 지도에 점으로 표시했을 때 경계선은 수세기 동안 사실상 카운티 경계선이었던 타마르Tamar강이었다. 똑같은 기법이 2019년 이베리아 반도에 적용되었을 때 유사성은 수직의 줄무늬로 나타나, 스페인 사람들은 경미하지만 측정 가능할 정도로 동서보다는 남북을 축으로 더욱 유사하다는 것이 드러났다. 그들이 기능적으로 다를까? 물론 아니다. 이것은 그저 우리가 집단들 간의 유선적 역사들을 이 정도로 정확하게 식별할 수 있으며, 유사성과 차이점의 이처럼 희미하고 흐릿한 흔적들까지도 알아낼 수 있다는 뜻일 뿐이다. 모든 인간 게놈은 독특하니, 이렇게 계속하다보면 우리는 결국 모든 인간을 70억 개인으로 분류할 수도 있을 것이다.

인간은 보편적으로 리처드 도킨스Richard Dawkins가 '불연속적인 정신의 독재(tyranny of the discontinuous mind)'라고 칭한 증후군을 앓고 있다. 우리는 모든 걸 범주화하기 원하지만, 연속성을 찾아내지는 못한다. 우리는 모든 걸 별개의 상자에 넣으려 기를 쓰고, 모든 것을 그것이 무엇을 '하는가'보다 그것이 무엇'인가'에 의해 정의하려고 안간힘을 쓴다. 이것은 과학에서의 화두고, 생물학자들이 고수하는 린네식 분류와도 관련되는 문제다. 린네는 불가침의 플라토닉한 형상으로서의 피조물들을 그대로 반영하는 체계를 찾고 있었다.(여기에는 바위도 포함된다. 우리에게 동물, 식물, 광물이라는 범주를 준 게 바로 이 분류 체계다. 이것은 긴긴 자동차 여행에서 하는 스무고개 게임에는 요긴하겠지만, 살아있는 생명체를 분류하기에는 그다지 좋은 방법이 아니다.)

식민지 확장 시대와 그 이후 계몽주의 시대의 사상은 주로 성경적 창조론은 인간들의 이야기고, 전 세계 사람들의 분류는 단일 기원설에서, 혹은 '신의 이미지'를 본뜬 형상에서의 타락이라는 모델에서 비롯된다고 보았다. 인류 일원설 지지자들조차 초기 형태의 지역적 적응을 인정했고 진화론이 개념으로서 다가오고 있었지만, 그래도 인간의 자연적 역사들이 설명될 수 있었던 것은 1859년 다윈의 자연 선택 메커니즘이 등장한 덕분, 그 다음엔 1871년에 『인간의 유래(*The Descent of Man*)』에서 그것이 인간에게도 적용된 덕분이었다. 게놈의 시대에 데이터가 우리에게 계속해서 보여줄 것은 개별적 범주가 아니라 수십만 년의 선사

시대, 그리고 몇천 년의 역사 시대 동안 지구상의 인간 삶이라는 방대하고 복잡한 이야기일 것이다.

그 역사적인 인류 일원설은 현재 이론상으로는 맞는 것으로 알려져 있지만, 세세한 부분을 따져보면 모두 틀리다. '호모 사피엔스'는 아프리카에 기원을 둔 생명체다. 21만 년 전, 그들은 아프리카에서부터 유라시아로 퍼져나갔다가 잦아든 일이 있었고, 그 사람들은 우리가 현재 식별할 수 있는 한에서는 현생 인류에게 유전자적 유산을 전혀 남기지 않았다.[11] 진정한 고향에서의 본격적인 이동은 약 7만 년 전에 일어났으며, 아마도 숫자상으로는 몇천 명에 불과했을 이들이 전 세계 인간 집단들이 주로 기원한 집단이 되었을 것이다. 이 점은 우리 조상들의 뼈와 현재 우리들의 게놈을 보면 자명하다. 그러나 우리가 지금 여기서 하고 있는 이야기의 복잡성과 시간 스케일에 대해서는 분명히 해두자. '아프리카에서의 확산'은 우리가 생각하듯 어떤 '사건'이 아니며, 현대적 용어로서의 '이주'도 아니었다. 이동은 몇 천 년, 혹은 몇 만 년에 걸쳐 이루어

---

11 아프리카에서 초기에 이주가 이루어졌다는 사실을 인종차별주의자들은 가끔 유럽인들이 아프리카인들과는 굉장히 동떨어져 있으며, 둘은 사실상 별개의 종이라고 주장하는 증거로 이용한다. 이것은 설명을 하는 것 자체가 고통스러울 지경이지만, 정말이지 멍청한 주장이다. 유전자상으로 초기 아프리카 확산의 후손이 존재한다는 증거는 현재 전혀 없을 뿐 아니라, 5만 년 전에 '호모 사피엔스'가 유럽에 입성하기 전까지는 유럽에 '호모 사피엔스'가 지속적으로 존재했다는 증거도 전혀 발견된 바 없다. 이러한 주장은 논란이나 사실성이 너무도 부족하여 심지어 틀리다고 말할 수도 없을 지경이며, 인종차별주의자들이 차라리 좀더 괜찮은 주장을 했으면 좋았겠다는 바람마저 갖게 만든다.

졌으며, 사실상 우리는 지난 몇천 년 내에서도 이러한 이동이 이루어졌다는 유전적 증거를 가지고 있다. 그래서 한 집단이 전에 아무도 거주하지 않았던 지역에 정착했다고 해서 그게 그 뒤로는 문이 닫혔다는 뜻은 아니다. 그들은 어떤 '약속의 땅'을 정복하려고 나선 것이 아니었고, 그저 평균적으로 수 세대에 걸쳐서 아프리카 대륙을 떠나 이리저리 퍼져 나갔다는 이야기다.

그러니까 요점은 이것이다. 모든 인간들은 거의 모든 DNA를 공통적으로 갖고 있으며, 이 사실은 우리가 아프리카에 기원을 두고 있다는 주장과 상충한다. 비록 조그만 것이라 하더라도 우리 간의 유전자적 차이들이 우리가 보는 신체적 다양성들의 상당 부분을 설명한다. 약 7만 년 전 아프리카에서의 이동, 그리고 그 이후로도 계속된 이동과 혼합은 우리의 기초 생물학의 기저를 이루는 게놈들 안에 구조가 있음을 볼 수 있다는 뜻이다. 아주 대략적으로 말해 그 구조는 대륙에 상응하지만, 각 그룹들 안에는 커다란 다양성이 있으며, 이 그룹들의 경계면에, 그리고 그룹들 내에는 연속적인 다양성이 있다. 인간을 뚜렷한 인종으로 나누려는 시도들이 수세기에 걸쳐 이루어졌지만, 그중 성공한 것은 없다. 유전학은 이와 같은 인위적이며 피상적인 범주들을 거부한다. 피부색은 사람들 간의 가장 명확한 차이점이기는 하지만 개인 및 집단들 간의 유사성이나 차이점 전체를 대표하기에는 턱없이 부족하다. 인종적 차이점이란 피상적인 것에 불과하다.

고대 DNA의 시대

현재 우리는 오래 전에 죽은 생명체의 게놈 파편을 치아에서, 뼈에서, 심지어 그들이 파묻혀 있던 흙에서도 추출할 수 있는 고대 DNA의 시대에 살고 있다. 이 새로운 구舊세계에서 대서특필된 첫 번째 사건은 2009년, 5만 년 전 어느 동굴에서 죽은 남자의 게놈 일부분을 재조합해 탄생한 '호모 네안데르탈렌시스Homo neanderthalensis', 즉 네안데르탈인의 부활이었다. 그 이후로 죽거나 멸종한 다른 인간 게놈 수십 개가 퍼즐처럼 맞춰졌고, 그 결과 인간 진화의 이야기는 급격하게 바뀌었다. 뼈 자체만으로는 범주화하기 부족했으나 뼈에서 채취된 DNA로부터 새로운 인간 유형들이 식별되고 있다. 우리는 이제 시간 속에서 사라져버릴 뻔했던 우리의 공통된 과거 이야기들을 짜맞출 수 있게 되었다.

인류의 기원에 대해 질문하는 유전학자들은 DNA의 배열 자체가 시간과 공간에 따라 어떻게 변화하는지에는 집중하면서, 표현형이 유전형으로부터 어떻게 표출될 수 있는지에는 관심을 덜 기울이는 경우가 많다. 마치 소리가 어떻게 들릴지를 고려하지 않고 악보를 공부하듯이 말이다. 그러나 고대의 사람들이 어땠을지 생각해보는 것은 흥미로운 일이다. 우리는 여기서 인류 유전학의 고질적인 난제, 즉 유전형에서 표현형을 추론해내는 게 결코 쉽지 않다는 현실에 맞닥뜨린다. 앞서도 언급했듯이, 빨간색 머리카락의 원인이 확실하다고 생각되는 유전자의 사본 두 개를 갖고 있다고 해도, 그러한 유전형을 가진 모든 사람들이 빨간색 머리카락을 갖고 있는 것은 아니다. 식이와 관련된 경우는 토대가 좀더 탄탄하다. 가령 고지방 식단에 관계되는 유전자들은 이누이트족처럼 생선이나 해물을 많이 섭취하는 사람들에게서 더 자주 나타나며, 이러한 특질들은 지역 적응으로서 선택되었다고 볼 수 있다. 백인 유럽인 및 세계 곳곳의 일부 목축민들에게서는 우유 섭취를 가능하게 하는 유전자들을 볼 수 있다.

그러나 우리는 아주 시각적으로 생각하며, 이런 사람들이 어떻게 생겼는지를 다들 알고 싶어한다. 오래된 뼈들은 우리에게 많은 것을 말해주는데, 우리는 세심한 복원을 통해 키처럼 간단한 것은 물론 더욱 미묘한 신체적 특질들까지도 추론할 수 있다. 예를 들어, 많이 사용함으로써 뼈가 더 두꺼워졌고, 그런 뼈들에 근육조직이 더 무겁게 붙어있었다는 흔적들을 통해 그들이 왼손잡이였는지 오른손잡이였는지를 추론할 수 있다. 네안데르탈인은 몸이 탄탄했고, 가슴통이 넓었으며, 근육질이었다. 일부 연구자들은 아마도 이런 신체적 풍채가 단거리 달리기와 매복 사냥에 적합했을 것이라 보고 있다. 이것은 나무가 우거진 땅에서의 삶에 적합하며, 매머드, 야생 양, 야생 돼지 등을 창으로 찌르거나 덫으로 잡는 데 적합하다. 실제로 유전학은 그런 그림을 더욱 뒷받침해줄 수도 있다. 일부 연구에 따르면, 그들은 오늘날 우리가 스태미나와 연관시키는 유전자보다 폭발적인 에너지와 연관시키는 유전자들을 더 많이 갖고 있었다고 한다.(3부에서 살펴보겠지만, 운동 능력에서 유전자의 중요성에 대해서는 많은 논쟁이 있다.) 또한 얼굴 복원의 가치와 정확도에 대해서도 동의되지 않은 부분들이 있다. 그것이 실제 그 사람을 닮았는지 여부는 자주 의문에 부쳐지며, 내가 아는 한 두개골 스캔을 근거로 살아있는 사람을 복원하는 문제는 아직 검증이 완료되지 않았다.

색소의 경우 상황은 훨씬 더 험난하다. 눈동자 색깔 유전자는 아주 많으며, 오래 전에 죽은 사람의 눈동자 색깔이 무엇인지를 알고 싶다고 할 때 과학은 우리에게 개연성을 줄 수 있을 뿐, 답을 줄 수 있는 것이 아니다. 상업적인 유전자 분석 회사인 '23앤드미23andMe'에서 전해들은 바에 따르면, 나와 똑같은 버전의 OCA2 유전자를 가진 사람들의 31퍼센트가 갈색 눈동자를 갖고 있고(이는 곧 69퍼센트는 그렇지 않다는 뜻이다.) 그중에서도 13퍼센트는 파란색이나 초록색 눈동자를 가지고 있다고 한다. 내 눈동자는 갈색이다. 나는 거울이 있기 때문에 이것을 안다. 만일 외계인들이 5만 년 후에 나를 파내서 내 DNA를 채취한다면, 현재 우리의 지식으로 그들이 내 눈동자 색깔을 알아맞힐 가능성은 얼마나 될까?

피부는 훨씬 더 어렵다. 우리는 흑이나 백 같은 이진법적인 용어를 사용하고 있지만, 색소는 이진법적인 특질이 아니다. 우리는 유전자들이 다양한 역할을 갖고 있으며, 복잡한 신진대사 통로를 통해 다른 유전자들과 여러 상호작용을 한다는 것을 점점 더 알아가고 있다. 종래의 인류학적 관점에 따르면, 대이동 이전 아프리카에 살던 사람들은 뜨거운 태양에 적응해 짙은 색 피부를 갖고 있었을 것이다. 더 밝은 색 피부는 앞서도 설명했듯 아마 더 춥고 흐린 날씨의 지역에 대응해 진화한 결과일 것이다. 종래의 유전학적 관점은 색소 침착에서 나타나는 대다수의 차이점들에 관여하는 유전자들이 소량, 아마도 열다섯 개 정도가 있다면서 비교적 단순한 유전자 구조를 제시했다.

그러나 이것은 몇몇 의견과는 상충한다. 색소에 영향을 주는 유전자들의 경우 특이사항은, 다양한 위도에 따라 피부색이 달라지는 데 자연선택이 일정 역할을 한다는 것은 알겠지만, 그것이 동일한 위도에서 나타나는 색소 침착의 차이를 설명해주지는 못한다는 것이다. 적도에 사는 사람들이라고 해서 모두가 똑같이 짙은 색 피부를 갖고 있는 것은 전혀 아니다. 이누이트족, 이누피아트Inupiat족, 러시아인, 핀란드인, 아이슬란드인, 그밖에 북위 66도에 사는 모든 사람들의 피부 톤이 동일한 것도 아니다. 햇볕과 관련된 색소 침착 이외에도 다른 요소들이 분명히, 그것도 상당히 크게 작용하고 있다.

우리는 SLC24A5나 OCA2(그리고 이 외에도 몇 가지 더) 같은 특정 대립 유전자의 결과로 유럽인이나 아시아인들의 피부색이 밝다는 것을 알고 있으며, 이처럼 중요한 적응이라는 개념은 색소 침착의 진화에 관한 우리의 사고에서 지배적이었다. 그러나 과학의 다른 많은 영역들에서 그러하듯 우리는 사실상 아주 최근까지도 아프리카 대륙에 대해서 무지하다시피 했다. 아프리카에는 전 세계에 있는 것보다 더 많은 유전자적 다양성이 있다. 이것은 아프리카인과 전 세계 사람들 사이보다 아프리카인들 사이에 훨씬 더 많은 유전자적 차이들이 있다는 뜻이다. 남아프리카 산San족 내부의 서로 다른 부족 출신 두 사람은 유전자적으로 영국인, 스리랑카인, 마오리족과 다른 것보다 더 다를 것이다. 아프리카에는 또한 전 세계에서보다 더 많은 색소 다양성이 있다. 아프리카인들의 피부색의 유전학에 대한 연구가 시작된 것은 불과 몇 년밖에 되지 않았는데, 이것은 인종차별주의가 5세기 동안 거의 전적으로 그것에 기반했다는 사실을 고려하면 다소 모순적이다.

현재 서서히 드러나고 있는 그림은 진정으로 모든 것을 뒤흔들고 있다. 2017년, 유전학자 사라 티시코프Sarah Tishkoff의 연구팀은 보츠와나, 에티오피아, 탄자니아 출신 사람들 1500명 이상의 DNA를 채취하고, 그들의 팔뚝 피부에 있는 멜라닌 색소의 수치를 분석했다. 이 두 가지를 비교해 보면서 그들은 유전자적 차이를 피부 톤과 연관시킬 수 있었다. 가장 공통적인 변이는 SLC24A5 유전자에 들어있는 것이었다. 이 변이는 밝은 색 피부와 밀접하게 연관되지만, 에티오피아와 탄자니아 사람들에게서 매우 높은 빈도로 발견되었다. 그 유전자는 분명 이 사람들에게 피부를 밝게 하는 효과는 주지 않았지만, 지난 몇천 년간 유라시아에서 아프리카로 재유입되어 현재 공통적으로 나타나는 것으로 보인다. 이 연구로부터 더 많은 유전자 변이들, 그리고 이게 아니었다면 연구되지 않았을 게놈의 다른 부분들이 발견되었고, 그중 일부는 더 밝은 피부색과, 또 다른 것들은 더 짙은 피부색과 연관되었다.

　이것은 색소 유전학의 복합성을 잘 보여주지만, 더욱 흥미로운 점은 이러한 변이들 모두가 우리의 유전적 혈통 안에 수십만 년 동안, 즉 '호모 사피엔스'의 진화 이전부터 있었던 것으로 보인다는 사실이다. 투팍 Tupac(미국의 래퍼—옮긴이)은 피부색이 짙을수록 뿌리는 더 깊다고 노래했다. 안타깝게도 그 말은 틀리다. 우리가 조상 대대로 짙은 색 피부였으며, 후에 세계 곳곳으로 퍼져나가면서 피부색이 다양해졌다는 생각은 현재 틀린 것으로 알려져 있다. 우리의 피부색은 아프리카에서의 대확산이 있기 한참 전부터도 다양했을 뿐 아니라, 우리가 바로 이런 종種이기 전부터도 다양했다.

색소와 인간 역사의 복잡성에 대한 또 다른 현대적 설명이 2018년 말에 발표되었다. 코이산족은 남아프리카의 다른 여러 집단들보다 피부색이 현저하게 밝다. 그들은 유전자적으로도, 피부색 면에서도 확연히 구분되는데, 아마도 수천 년간 문화적으로 어느 정도 분리되어 있었다는 것을 반영하는 듯하다. 그러나 그 어떤 집단도 완전하게 고립되어 있거나 고정되는 경우는 없다. 현재 아프리카 게놈학의 정확도가 세계 다른 곳들보다 낮기는 하지만, 우리는 코이산족 조상들에게로 지난 몇천 년간 유전자 흐름이 있었다는 것을 잘 알고 있다. 목축민들의 유입도 그중 하나고, 아마도 에티오피아에서의 유입, 혹은 약 2000년 전 중세시대 반투Bantu어 문화권의 확장을 통한 근동 지방에서의 유입도 여기에 포함되며, 현대에는 케이프 주州의 무역 거점들을 통한 네덜란드인들의 유입도 포함될 것이다. 코이산족과 다년간 가깝게 활동해온 유전학자 브레나 헨Brenna Henn은 그들의 밝은 색 피부가 SLC24A5 유전자와 연관돼 있다는 결론을 내렸다. 코이산족에게서 가장 공통적으로 나타난 유전자는 유럽인들의 경우와 동일하며, 헨의 연구는 그것이 지난 2000년 동안 아프리카로의 이동 중에 유입되었다는 것을 보여준다. 그 유전자가 그렇게 짧은 기간 내에 코이산족에게서 그렇게 높은 빈도로 나타났다는 것은 더 밝은 피부색에 대한 집중적 선택이 이루어졌다는 강력한 증거다. 이것은 아프리카 내의 피부색의 다양성을 보여줄 뿐 아니라, 지난 몇천 년 동안 아프리카로 돌아온 사람들 사이의 혼혈 집단 내에서의 다양성 역시 보여준다.

색소는 복잡하다. 다른 인간 특질들에 비해 유독 복잡하다는 것이 아니라, 눈에 잘 띄어서 중요하다는 말이다. 나는 혹시라도 우리가 고도로 복잡한 피부색이라는 전체 그림을 이해해가는 중이라는 인상을 주고 싶지는 않으며, 다만 이전의 그림이 심각할 정도로 단순했다는 말을 하고 싶을 뿐이다. 우리는 피부색이 어떻게, 언제, 왜 시간이 가며 변화해왔는지에 당연히 관심을 두어야 하며, 사라 티시코프나 니나 자블론스키Nina Jablonski, 브레나 헨 같은 이들의 선구적인 연구 덕분에 우리의 지식 체계에 나있던 휑한 구멍들을 탐구할 수 있게 되었다. 그것도 아프리카 사람들에 관한 부분을 전례 없던 방식으로 말이다.

또한 우리는 현재 오래 전에 죽은 이들의 DNA도 활용할 수 있으며, 과거에 인종차별적으로 다뤄졌던 특질들을 바로잡으려고 시도해볼 수 있다. 이것은 살아있는 사람들을 연구할 때보다 두 가지 이유에서 훨씬 더 복잡하다. 우선, 앞서 언급했듯 유전형에서 표현형을 추론해내는 것은 결코 간단하지 않다. 남아있는 게 DNA뿐이기 때문에, 해당 여성이나 남성의 피부 톤을 측정하고 그것을 DNA에 비교해볼 수가 없다. 두 번째 이유는 샘플의 부족이다. 유전학은 비교 과학이라서, 더 많은 이들의 게놈을 확보할수록 탄탄해진다. 하나의 게놈에는 정보가 어마어마하게 들어있지만, 두 개의 게놈에는 훨씬 더 많은 정보가 들어있으며, 수천 개의 게놈이 있다면 끝난 게임이다.

그러나 어쩌겠는가. 우리는 우리에게 있는 것을 가지고 연구할 뿐이고, 우리 고대 조상들의 가장 확실한 표현형에 관한 질문들은 심지어 그것이 기존의 인종적 범주나 역사를 전혀 대표하지 않는다 하더라도 여전히 중요하다. 2016년, 고대 영국인의 DNA가 재조합되어 흉상의 형태로 세상에 공개되었다. 착한 얼굴을 한 남자의 어깨까지 오는 흉상은 아주 짙은 피부에, 아주 곱슬거리는 검은 머리카락, 파란색 눈동자를 하고 있었다. 픽트Picts족(영국 북부에 살던 고대인―옮긴이)이나 로마인, 바이킹족, 앵글Angle족이나 색슨Saxon족이 우리 연안을 괴롭히기 한참 전의 영국인이 그러한 모습이라니, 충격적인 이미지였다. 이 모형에 대한 기사를 실은 과학 잡지는 훨씬 더 신중해서, 이 남자의 색소 침착을 이렇게 설명했다. "체다인(Cheddar Man)은 피부는 짙은 색 혹은 검은색, 눈동자는 파란색이나 갈색, 머리카락은 짙은 갈색이나 심지어 검은색이었을 것으로 예상된다." DNA 증거는 그에게 밝은 색 피부와 관련된 색소의 대립 유전자는 없었다는 것을 보여주었다. 복원된 모습에서 그는 피부 톤이 수단인과 비슷하거나 스리랑카인과도 흡사할 정도로 아주 짙은 색을 띠고 있다.

이 사진이 뉴스를 장식하자 전 세계 인종주의자들은 격노하며 집단적으로 분별력을 잃었다. 1만 년 전 유럽에 짙은 색 피부의 사람들이 있었다는 사실은 논란의 여지가 전혀 없으며, 그래서 영국에 짙은 색 피부의 체다인이 존재했다는 사실에 대한 반대는 관심을 둘 만한 일이 아니다. 유럽 내 색소 침착의 다양성은 선사시대의 '사실'인 것이다. 그러나 체다인의 피부색을 그 정도로 짙게 칠한 것은 모형 제작자의 선택이었으며, 일부 유전학자들이 그 점에 불만을 터뜨렸다.

다양한 색소 유전자에 근거해 우리는 50만 년, 혹은 그보다 더 오래 전 '호모 네안데르탈렌시스'와 '호모 사피엔스'의 공통 조상들과 마찬가지로 네안데르탈인도 비교적 밝은 색 피부였을 것이라고 본다. 네안데르탈인의 게놈은 그들이 현생 인류와는 전혀 다른 MC1R 유전자를 갖고 있었음을 보여준다. 그러나 언론은 그들의 머리칼이 붉은색이었을 것이라고 추측하기 시작했고, 지금 전 세계 박물관에서는 붉은 빛을 띤 머리카락의 네안데르탈인 마네킹을 볼 수 있다. 이러한 MC1R 변이들은 전에 한 번도 발견된 적 없는 것들로, 그것을 이용해 배양 접시에서 실제 색소를 만들어보려던 생화학적 시도들은 어떤 소득도 얻지 못했다. 우리가 TV나 박물관에서 보는 네안데르탈인 복원 모형의 색소 침착은 추측에 의한 것이다.

사실 정답을 알기란 매우 어렵다. 색소는 사는 동안 태생적으로도(아기들의 피부색은 성인이 되었을 때와 다르다), 또한 외부적으로는 햇볕 노출에 의해서도 변한다. 특정 유전자 변이 때문에 자라면서 색소가 변할 수밖에 없는 아이들도 있다. 나는 사람들이 우리 조상들의 생김새를 알려고 하는 이유를 이해한다. 선사시대의 사람을 보다 인간처럼 만들고 싶은데, 특히 네안데르탈인은 흔히 묘사되는 짐승 같은 이미지와 달리 세련되고, 교양 있었으며, 예술적이고, 행동의 현대성 면에서는 우리와 상당히 유사했다고 하니 더욱 그렇다. 그리고 그 첫 번째 힌트가 바로 피부색인 것이다.

우리는 조심해야 한다. 브레나 헨은 2017년 유전학자들과 인류학자들의 회의에서 "고대 DNA로부터 피부색을 예상할 수 있다는 말을 삼갑시다. 우리는 그렇게 할 수 없습니다."라고 말했다. 그 메시지는 우리의 먼 조상들의 외양을 이해해보려고 노력하는 과학자들에게도 적용되지만, 범죄과학수사의 DNA 샘플들이 범죄자들의 피부색을 예측하는 데 쓰이는 경우에는 훨씬 더 의미심장하다. 최신 과학은 다양한 사람들의 방대한 샘플에서 채취한 유전자들을 갖고 있지만, DNA는 피부색에 대해 놀랄 만큼 아무것도 말해주지 않는다는 점을 분명히 하고 있다.

우리 눈에 드러나는 것은 인간의 깊은 진화적 역사가 우리 생각보다 훨씬 많은 변수와 우여곡절을 겪은 훨씬 덜 선형적인 길이었다는 점이다. 생물학에서 늘 그랬듯, 인간의 이야기를 단순하고 이해하기 쉬운 서사에 끼워 맞추려는 시도들은 인간 진화의 그 태생적인 번잡함과 소음, 종잡을 수 없음에 걸려, 그리고 여기에 거의 불가해할 정도의 시간 스케일과 이동의 패턴까지 더해져 늘 좌절되었다. 우리는 이제 색소 침착은 다양한 스펙트럼이며, 그것은 수천만 년 동안 그러했다는 것을 안다.

우리가 또한 과학적 정보로 무장하고서 말할 수 있는 것은, 피부색이 가장 우선적으로 명확하게 우리 눈에 보이는 것이기는 하지만 인간의 다양성을 이해하기에는 피상적이고, 사람들을 분류하기에는 아주 조악한 방법이라는 것이다. 현실을 보는 우리의 관점은 심각하게 제한적이며, 의도적인 정치적 거짓말에 이용되어왔다. 우리가 '흑인(Black)'이라고 말할 때, 그것은 사실 '지구상에서 그 어디보다도 큰 유전자 다양성과 색소 다양성이 있는 대륙 출신의 사람'이라는 뜻이다.

우리가 눈으로 볼 수 있는 것은 인간의 극히 일부분일 뿐이다. 우리는 진화를 바라보는 방식을 나무에 비유한다. 몸통과 큰 가지가 두 갈래로 나뉘어 별개의 얇은 가지가 되다가, 마지막으로 인류라는 잔가지로 뻗어나간다. 그러나 인간 행동과 진화의 궤적이라는 거대한 자취를 이해하는 데 나무의 비유는 너무 제한적이다. 인간 진화를 나무에 비교하려면 우리가 직접 길러온 나무들이어야만 들어맞는다. 즉 새로운 성장을 북돋아주기 위해 '가지치기'를 하고, 다른 이동 경로들을 따르도록 '유도'하며, 다른 가지들과 얽히도록 힘주어 '엮는' 것까지를 포함해서 말이다. 우리가 나무의 산물이 아니라 복잡하게 누적된 층의 산물이라는 점은 분명하게 눈에 보이지 않을 수도 있다. 그러나 그것이 바로 우리가 과학을 발명한 이유다. 우리 자신을 인식의 족쇄에서 풀어주고, 사람을 포함해 모든 것을 실상 그대로 볼 수 있게 하려고 말이다.

2부

당신의 조상이
내 조상이다

당신의 가계도

가족과 조상들은 우리를 과거에 묶어주는 끈이다. 우리의 직계 친족은 태어나고 결혼하고 죽고 하는 우리 삶의 궤적에 맥락을 부여한다. 당신은 DNA 절반을 부모와 나눠 갖고, 나머지 절반은 형제자매들과 나눠 갖고 있다.(DNA가 거의 100퍼센트 일치하는 일란성 쌍둥이가 아니라면.) 이런 수치들은 당신이 왜 임의의 타인들보다 당신의 가족과 더 비슷하게 생겼으며, 사실상 행동까지 비슷하게 하는지를(같은 환경에서 자랐다는 것도 또 다른 이유가 된다.) 설명하는 데 크게 도움이 된다.

당신의 가계도(family tree)는 길고 복잡한 전 세계 모든 생명들의 가계도 한 귀퉁이에 극히 작은 옹이처럼 자리하고 있다. 진화란 또한 부모와 자녀들에 대한 기록이자, 그들이 장구한 시간에 걸쳐 어떻게 달라지는지를 보여주는 기록이기도 하다. 그리고 이 두 개의 상이한 규모 사이에 족보학(genealogy)이 있다.

혈통적 소속과 족보학은 누구에게나 흥미로운 주제지만, 인종주의자들에게는 특히 더 그렇다. 족보학은 미국에서는 제일 우선으로, 영국에서는 정원 가꾸기 다음으로 가장 인기 있는 오락거리 같다. 인종주의자들이 내놓는 주장들은 상당 부분 특정 인구 집단에 소속되는 것, 다른 집단을 타자화하는 것, 그리고 특정 민족을 배척하는 것을 중심으로 이루어진다. 비非인종주의자들 중에도 현 시대의 이민과 이동에 대해 우려를 나타내는 이들이 많지만 어떤 민족이 축출되어야 한다든지, 어떤 문화가 어떤 식으로든 약화되어야 한다는 생각을 표출하는 이들은 거의 없다. 예를 들어 백인 우월주의자들이 서구 문화의 종말에 대한 두려움을 표출할 때, 그 위협받고 있다는 것이 무엇인지는 전혀 분명하지 않다. 나와 같은 골목, 우편번호 지역, 도시, 나라, 대륙 등에 사는 사람들이라 해도 내 문화가 그 사람들의 문화와 같지 않다는 것이 매우 명확하기 때문에, 나는 백인 우월주의자들이 말하는 '서구 문화'라는 것이 도대체 무엇인지 모르겠다.

그럼에도 이렇게 허술한 개념의 '서구 문화'가 무너진다는 것은 그들에게 상상만으로도 근심의 원천이 된다. 그들은 자기 민족이 박해를 받아 결국에는 절멸되는, 혹은 다른 민족에게 동등한 권리가 주어짐으로써 자신들의 권리가 그만큼 축소되는 상황을 머릿속에서 상상한다. 아는 것이라고는 특혜뿐일 때 평등은 억압처럼 느껴지는 것이다. 2017년, 버니지아주 샬러츠빌Charlottesville에서 백인 민족주의자들이 티키Tiki 햇불(폴리네시아식 대나무 햇불)을 들고 "유대인들은 우리를 밀어낼 수 없다!"고 외치며 행진했을 때 그들은 정말 그렇게 하지 않으면 안된다고 느꼈을 것이다. 다음날, 다양한 분파의 인종차별주의자 시위대와 비非인종차별주의자 시위대 사이에 소요와 폭력이 일어났고, 그 과정에서 서른두 살의 헤더 헤이어Heather Heyer가 백인 우월주의자에게 살해되었다. 헤더를 죽인 살인자는 현재 400년 형을 받고 복역 중이다.

특정 지역에 거주할 합당한 권리가 누구에게 있는가 하는 논쟁은 대체로 논리가 없거나 적어도 몰沒역사적인 경우가 많다. 왜냐하면 그 어떤 민족도 아주 긴 기간에 걸쳐 한군데만 정주하지 않았으며, 어떤 권력이나 문화, 국가가 영속적이었던 적은 단 한 번도 없었기 때문이다. 그럼에도 가족과 혈통에 대한 사람들의 열망은 강력하며, 심지어 그것이 극도로 제한적일 경우에도 마찬가지다. 왕족을 제외한 대부분의 사람들에게 가계도는 두어 세대만 지나도 희미해진다. 과거는 기록의 부족, 그리고 여러 가지 속설과 전해 내려오는 이야기들에 의해 모호해진다.

그러나 무엇보다도 자신의 혈통에 대한 이런 지대한 관심에서 가장 큰 맹점은, 모든 인간에게 부모가 둘이라는 아주 간단한 생물학적 사실을 인정하지 않는다는 점이다. 족보에서 세대를 되짚어 올라갈 때 식별할 수 있는 혈통은 기껏해야 우리 위로 두어 세대일 뿐이다. 우리는 전체 가계도 각각의 가지에서 유독 두드러지는 사람을 골라서 보거나, 그게 아니면 멈춘다. 우리는 족보에서 눈에 띄거나 유명한 사람, 혹은 오명이 있는 사람들에게만 집중한다. 그도 그럴 것이 대부분의 사람들은 그저 그림자나 먼지처럼 흔적을 거의 혹은 아예 남기지 않는 평범한 삶을 살면서 역사를 그저 스쳐지나갈 뿐이며, 오명이나 명성 같은 것만이 눈에 띄기 때문이다. 그러나 그렇게 하면 우리는 삶을 살았으나 역사에는 흔적을 남기지 않고 사라져버린 절대다수의 우리 조상들을 무시하는 셈이다.

우리 집 가계도로 말하자면, 내 조상들이 가이아나로 끌려온 이후 기록이 사라졌기 때문에 우리 쪽에는 인도 쪽 혈통의 기록은 전혀 없다. 아버지 쪽의 경우에는 혈통을 따라 올라가보면 메리 헌틀리Merry Huntley라는 나의 7대 할머니가 계시다. 할머니의 혼인증명서에는 할머니가 1818년 런던 코벤트 가든에서 벤저민 핸디Benjamin Handy와 혼인했다고 씌어있다. 할아버지는 '핸디 유랑 서커스'의 단독 소유주로서, 자칭 '지구상에서 가장 훌륭한 기수騎手'였던 반면, 메리 할머니는 증명서에 '야만인'이라고 적혀 있다. 할머니는 북미에서 이주해와 승마 기술로 서커스단에 합류한 카토바Catawba족(북미 원주민 부족—옮긴이) 닐 헌틀리Neil Huntley의 딸이었다. 이것은 물론 멋진 이야기고, 내 친척 중에 북미 원주민 출신의 무대 공연자가 있었다는 사실은 반갑고 놀라운 소식이었다. 그러나 메리 할머니는 가계도의 해당 세대에서 나와 연결될 수 있는 64명의 여성들 중 하나였다. 다른 63명의 이야기는 시간 속에서 사라지고 없는 것이다.

유전학 연구에서는 한 세대를 25~30년으로 가정하며, 세대를 거슬러 올라갈 때마다 조상들의 숫자는 두 배가 된다. 500년이 넘어가면 당신의 조상은 104만 8,576명이 된다는 뜻이다. 1000년이 되면, 조상은 1조 995억 1,162만 7,776명이 된다. 다시 말해, 1조 명 이상이라는 이야기다. 이는 지금껏 존재했던 사람들의 수보다 약 열 배 더 많은 수치다.[12] 일견 역설 같아 보이는 이 사실은 우리가 가계에 대해 얼마나 잘못 생각하고 있는지를 보여준다. 조상들의 숫자는 과거로 거슬러 올라갈수록 증가하지만, 현재 인구가 과거 어느 시대보다도 더 많으니 말이다.

이 두 가지 주장은 모순적으로 보이지만 모두 맞다. 이 수수께끼에 대한 답은 명확하다. 바로 가계도는 시간을 거슬러 올라가면서 서로 합쳐

---

12 지금까지 우리 인간 종에, 10억 정도를 가감해 대략 1,070억 명이 존재했다는 것이 가장 근접한 추정치다. 이것은 오늘날 그 어느 때보다도 많은 사람들이 살고 있다는 흔한 속설을 원천봉쇄한다. 현재 역사적으로 가장 많은 이들이 살고 있기는 하다. 그러나 살아있는 사람이 죽은 사람들보다 더 많다는 생각은 시체 1,000억 구를 세는 군대식 숫자세기에서 볼 수 있듯이 틀리다.

지고 겹쳐진다는 것이다. 분명 당신의 가계도에는 1조 개의 '칸'들이 있어야 하지만, 위로 거슬러 올라갈수록 이러한 '칸'들을 동일한 개인이 여러 번 차지하는 일이 자주 발생할 것이다. 내 가계도에서 메리 헌틀리 할머니가 위치한 층에 64개의 칸이 있지만, 그 자리들은 얼마든지 64명보다 더 적은 수의 여성들에 의해 메워질 수 있는 것이다. 가계도는 순식간에 합쳐진다. 오랜 유럽 혈통을 가진 모든 사람들의 마지막 공통 조상은 불과 600년 전에 살았던 이들이다. 즉, 이는 만일 모든 유럽인들의 완결된 가계도를 그릴 수 있다면, 적어도 각 나무의 가지 하나는 1400년경에 살았던 한 사람을 통과할 것이라는 뜻이다. 이 사람은 우리 모두의 가계도에 등장할 것이며, 각각의 모든 조상들도 마찬가지일 것이다. 다수의 자리를 한 사람이 차지할 수 있다는 사실은 나무가 족보학을 설명하는 데 가장 정확한 상징이 아니라는 것을 보여준다. 나무는 가지처럼 나뉘기만 하지만, 가계도에는 고리모양의 원도 들어갈 수 있기 때문이다. 내 족보는 나에게서는 나무처럼 뻗어나가지만, 얼마 안가 그런 가지들 중 두 개가 내가 이중으로 후손이 되는 한 사람 안에서 상충할 것이다. 이런 사람들이 족보학의 고리에서 맨 위에 놓이게 된다.

이처럼 얽히고설킨 실타래 속에서 유명인을 밝혀내는 것, 나아가 왕족을 밝혀내는 것은 큰 관심사다. 2016년, 인기리에 방영된 텔레비전 프로그램 〈당신은 당신이 누구라고 생각합니까?(Who Do You Think You Are?)〉에서 영국 배우 대니 다이어Danny Dyer는 본인이 14세기 영국 왕 에드워드 3세Edward Ⅲ의 22대 직계손이라는 것을 알게 되었다. 사실 줄생과 죽음, 결혼 같은 족보 기록으로 이런 것을 밝혀낼 수 있는 경우는 거의 없지만, 내 계산에 따르면[13] 오랜 영국 혈통을 가진 이들이 모두 에드워드 3세의 후손일 가능성은 사실상 100퍼센트다. 대니 다이어의 경우 그것은 사실이고, 대다수 영국인들의 경우 또한 사실이다.

몇 세기를 거슬러 올라가 보면 우리는 '유전적 등점(genetic isopoint)'

---

[13] 1970년대에 태어난 사람이 에드워드 3세의 후손인지 여부를 계산하기 위해, 나는 에드워드 3세의 후손이 몇 명인지를 (숫자가 희미해질 때까지) 계산하고, 한편으로 1970년대 태생 사람이 역사상 해당 지점에서 가질 수 있는 조상들의 숫자를 추정해보았다. 그러면 이제 질문은 '그 당시 당신의 조상들이 에드워드 3세의 직계 후손 집단에 속했을 가능성은 얼마인가?'가 된다. 에드워드 3세는 13명의 자녀를 남기고 1377년에 죽었고, 그중 6명이 자녀를 낳았다. 나는 가계도가 크게 흐릿해지는 지점까지 소급해 총 321명의 현손(증손자의 자녀―옮긴이)이 있을 것으로 계산했다. 줄잡아 이들 각각이 평균 2명의 자녀를 낳았을 것으로 추정한다면, 1600년에 에드워드 3세에게는 총 2만 544명의 후손이 있었을 것이라는 계산이 나온다. 이는 많은 수이기는 하나 전혀 불가능한 숫자는 아니다. 당시 영국 인구는 약 420만 명이었으니, 이는 곧 대략 210명 중 한 사람은 에드워드 3세의 직계 후손이라는 뜻이 된다. 이것은 전체 인구의 약 0.5퍼센트에 해당한다. 1600년과 1975년 사이에는 열다섯 세대 정도가 있을 것이며, 조상들의 숫자는 한 세대를 거슬러 올라갈 때마다 두 배가 되니, 이는 곧 1975년에 태어난 사람에게는 1600년에 최대 3만 2,768명의 조상이 있어야 한다는 의미다.(이것은 완전한 족외혼을 가정했을 경우의 수치인데, 그럴 가능성이 매우 낮기는 하지만, 계산상으로는 차이가 거의 없다.) 따라서 1600년 당신의 3만 2,768명의 조상들 각각이 에드워드 3세의 직계 후손일 가능성은 0.5퍼센트가 된다. 만일 이 질문을 뒤집어서, '1600년 당신의 3만 2,768명의 조상들 중 한 명도 그 0.5퍼센트에 들지 않을 가능성이 얼마나 될까?'라고 묻는다면, 계산은 '0.995 × 10의 3만 2768승'이 될 것이다. 원래 질문에 답을 얻으려면 1에서 이 수치를 빼야 하므로, 답은 0.9999999999(……)가 될 것이다. 만일 당신에게 흐릿하게라도 영국 혈통이 섞여 있다면 당신은 에드워드 3세의 후손이며, 또한 정복자 윌리엄William, 에설레드 2세Aethelred Ⅱ, 알프레드 대왕(Alfred the Great) 등 그의 모든 왕족 조상들, 그리고 사실상 10세기 모든 유럽 통치자와 농민들의 후손이기도 하다.

이라고 하는 확실한 지점에 다다른다. 이것은 한 집단 전체가 오늘날 현재 집단의 조상이 되는 역사 속 시점을 말한다. 유럽 사람들의 경우 이 등점은 10세기에 일어난다. 다시 말해, 만일 당신이 10세기에 유럽에 살았고, 현재 당신의 유럽인 후손이 살아 있다면, 당신은 오늘날 살아있는 '모든' 유럽인들의 조상이 되는 것이다.(현재 추정치에 따르면, 10세기 유럽 인구의 최대 80퍼센트가 현재 살아있는 후손을 두고 있다.) 이것을 또 이렇게도 생각해볼 수 있다. 사촌 둘이 있다고 할 때 그들의 가계도에서 가지 하나는 공동의 조부모에게서 겹쳐진다. 즉, 모든 유럽인들의 가계도에서 가지 하나는 1400년에 살았던 한 개인에게서 겹쳐진다. 다시 말해, 등점에서는 모든 가계도의 모든 가지들이 그 집단의 모든 사람들에게서 겹쳐진다는 뜻이다.

나는 학생들이나 일반 대중에게 이런 설명을 수없이 해왔기 때문에 이게 굉장히 복잡하고 혼란스러운 개념이라는 것을 잘 안다. 이것은 우리가 혈통과 가계도, 정체성에 대해 일반적으로 가정하고 생각하는 바와는 판이하게 다르기 때문이다. 언뜻 보기에는 전혀 맞는 말이 아닌 것 같고, '세계의' 등점(global isopoint), 즉 지구상의 온 인구가 현재 살아있는 모든 이들의 조상이었던 해를 계산하고자 한다면 훨씬 더 당혹스러운 개념이 될 것이다. 이것은 놀랍게도 약 3400년 전이다. 오늘날 살아있는 모든 이들은 기원전 14세기경 전 세계 모든 인구의 후손인 것이다.

타당한 설명으로 들리든, 혹은 가족 및 가계에 대한 본인의 경험과는 상반되는 것 같든 이것은 사실이다. 등점은 수학적으로, 또한 유전자적으로 확실히 맞는 개념이다. 아마 그 등점이 되는 시점에서, 가령 현재 누군가의 조상이 되는 사람들이 전 세계로 균등하게 퍼져나가지는 않았을 것이다. 현재 중국 여자나 남자는 동아시아보다는 남아프리카에 조상들이 훨씬 더 적을 것이고, 그 역도 마찬가지다. 그러나 그들에게는 더 멀리로 퍼져나간 조상들도 약간은 있을 것이며, 각각의 조상들은 그들이 지구상 어디에서 살았고 또 죽었든 그들의 현재 후손들과 동일한 관계에 놓여 있다.

우리는 특정 지역이나 땅, 혹은 사람들을 물리적으로나 문화적으로 고립된 것이라고 생각하며, 그러한 경계들은 넘을 수 없는 것이라고 간주한다. 그러나 그것은 역사가 말해주는 것이나 유전학이 말해주는 것과는 다르다. 그 어떤 국가도 고정되어 있지 않고, 그 어떤 민족도 순수하지 않다. '세계의 등점'은 유럽인들의 확장이 없었더라면 훨씬 더 이른 시점이 되었을 것이다. 아메리카 대륙에 처음 살던 사람들은 그 대륙에 약 2만 년 전부터 고립되어 있다가, 2만 년 전 빙하기에 물이 얼어 해수면이 낮아지면서 시베리아가 뭍으로 드러나자 그곳을 걸어서 다른 곳으로 이주할 수 있었다. 그러나 해빙기가 왔을 때 현재 알래스카 지역으로 이주했던 사람들은 1만 5000년 이상 세상과 단절되어 있어야 했다.

지난 4500년 동안 아시아에서도 적은 양이지만 사람들이 이동해 들어왔는데, 그중에는 현재 이누이트족의 조상들도 있다. 1000년 전에는 바이킹족이 아이슬란드인 레이프 에릭손Leif Ericson의 지휘 아래 아메리카 대륙, 그중에서도 현재 캐나다 래브라도, 배핀 아일랜드, 뉴펀들랜드에 해당하는 곳에 짧게 3년을 체류한 적이 있다. 그 지역에 그의 유산이나 유전자 흔적은 전혀 남아있지 않은데, 그 맹렬한 전사들은 황소에 관한 말다툼 후에 스크랠링Skraeling이라고 하는 토착민들에게 쫓겨 났다고 한다. 그러나 1492년, 콜럼버스Columbus가 카리브해를 침입했 을 때는, 곧바로 토착민 타이노Taino족 여성들에 대한 강간이 시작되었 고 그렇게 유럽 혈통이 아메리카 대륙 사람들에게 유입되었다. 이와 같 은 집단 혼합은 불과 두어 세대 만에 곳곳으로 확산되었으며, 그런 유전 자적 서명(genetic signature)은 그 부족들이 고립된 생활을 했으리라는 당신의 상상과는 달리, 현재 북미인과 남미인 모두에게서 발견된다.

인종적 순수성이라는 환상

이렇게 혈통과 가계도가 실제로 어떻게 이루어지는지를 살펴보면 인 종적 순수성이라는 개념은 완전한 우스갯거리가 된다. 나는 가끔 몇 세 기 위까지 본인의 혈통을 거슬러 올라갈 수 있으며 그 혈통이 지리적으 로 단일한 지역에 위치한다고 말하는 사람들을 만난다. 많은 경우 이것 은 영광의 표시로 여겨진다. 몇 세기에 걸친 혈통이 그들에게 일종의 개 인적, 혹은 집단적 정체성을 부여하는 것이다. 한 친구는 내게 자신의 가족 이야기를 해주었는데, 그의 가족이 아일랜드 왕이자 중세 이 넬Uí Néill 왕조의 시조인 니얼 노이기얼러흐(Niall of the Nine Hostages)의 후손이라는 것이었다. 5세기 통치자였던 니얼이 만일 존재했다면, 그래 서 그 친구의 말이 사실이라면, 그것은 사실상 모든 유럽인에게도 적용 된다. 한번은 어떤 자부심 높고 고집스러운 아일랜드 남자가 나에게 말하기를, 자신의 조상들은 '모두'가 아일랜드의 어느 조그만 지역 출신이며 그렇게 1000년까지 거슬러 올라갈 수 있다고 했는데, 그는 그의 조상들 상당수가 분명 세계 곳곳에서 왔을 것이라는 사실을 받아들이려 하지 않았다. 그는 인종차별주의자는 아니었지만, 만일 그의 말이 맞다면 그의 혈통에서는 위험스러울 정도로 근친상간이 이루어진 것이다. 이런 비슷한 이유로 인종적 순수성을 주장하는 이들이 더러 있다. 많은 사람들의 경우, 그들 조상의 상당수가 수십 년, 심지어 수백 년에 걸쳐 한 지역 출신일 것이라는 점은 사실이다. 등점이라는 개념이 있기는 하지만, 우리는 전 세계 곳곳에 퍼져서 임의적으로 짝을 맺지는 않는다. 내 새어머니의 가족의 경우는, 에식스 카운티에 있는 단 하나의 묘지에서만 여덟 세대를 되짚어 올라갈 수 있다. 그렇다고 해당 세대에 있는, 내 새어머니의 조상 256명 모두가 토피스필드나 인근 마을 출신일까? 당연히 아니다. 사람들의 아주 작은 이동만으로도 우리의 가계도는 바뀌며, 새로운 사람과 새로운 계보들이 유입되고, 가계도는 나무 모양과는 한참 멀어져서 훨씬 복잡한 무엇인가가 된다. 내 조상들의 계보들 중에는 북미 원주민 계통이 딱 하나 있는데, 그 부분이 재밌는 지점이다. 그렇다면 내가 북미 원주민이라는 뜻일까? 당연히 그렇지 않다.

인간의 역사상 세계 곳곳에서 사람들은 늘 이동하며, 가능한 곳이면 언제든 어디서든 섹스를 해왔다. 때로는 단기간에 대규모로 이동이 이루어지기도 한다. 더 많은 경우, 사람들은 몇 세대에 걸쳐 대체로 한 지역에 머무르면서, 지리적으로나 문화적으로 정착된 느낌 속에서 살아간다. 그러나 그렇다 하더라도 모든 나치당원들에게는 유대인 조상들이 있다. 모든 백인 우월주의자들에게는 중동인 조상들이 있다. 모든 인종차별주의자들에게는 다른 모든 이들과 마찬가지로 아프리카인, 인도인, 중국인, 아메리카 원주민, 오스트레일리아 원주민 조상들이 있으며, 이것은 단지 인류가 아주 먼 선사시대에는 아프리카인이었다는 의미에서만이 아니라, 최소 그리스로마 시대부터도, 그리고 아마 훨씬 최근으로 봐도 마찬가지다. 인종적 순수성이란 순전한 환상이다. 인간에게 순혈이란 존재하지 않으며, 여러 종류의 피가 다채롭게 섞인 '잡종'이 있을 뿐이다.

우리는 이제 DNA로 아주 오래 전 혈통도 일부 추적할 수 있고, 덕분에 대략적인 인류 이동의 궤적을 이해하기도 수월해졌으며, 소규모이기는 하지만 그래도 여전히 흥미로운, 옛 사람들의 집약적이고 좁은 규모의 움직임을 이해하는 데도 도움을 받고 있다. 우리는 현재 살아있는 사람들의 유전자 속에서 이러한 양상을 확인할 수 있으며, 초기 유럽인들의 이야기는 이제 안정적으로 자리 잡아가고 있지만, 세상 대부분의 경우는 아직도 발견해야 할 것들이 상당히 많다.

1부에서 언급했듯이, 아프리카 사람들의 유전적 역사들은 아직 잘 알려지지 않았다. 우리는 아프리카에 나머지 전 세계를 다 합친 것보다 훨씬 더 많은 유전적 다양성이 있음을 이제 알고 있는데, 이는 평균적으로 전 세계 사람들이 서로 다른 것보다 아프리카인들끼리 더욱 다르다는 것을 뜻한다. 이것은 먼 과거에 아프리카에서 이동해 나온 집단이 그렇게 크지 않으며, 따라서 그들의 출신 집단을 대표할 수 없다는 방증이다. 아프리카를 떠나 세계 곳곳에서 여러 집단들의 기원이 된 이들은 소수에 불과했다.

훨씬 더 큰 집단은 움직이지 않고 그 자리에 있었다. 아프리카는 거대한 대륙이며, 7만 년 동안 사람들은 바로 그 대륙 '안에서' 이동했고 그 긴 세월 곳곳에서 유전자를 교환했다. 앞서도 언급했듯, 유럽인과 중동인들이 되돌아오는 재유입도 어느 정도 있어서, 지난 몇천 년 동안 사람들은 아프리카로 다시 들어와 아프리카인의 게놈 속으로 자신들의 유전자를 퍼뜨렸다.

그 결과 아프리카인의 게놈은 더욱 복잡다기해졌는데, 아직은 유럽인의 DNA만큼 자세하게 연구되지 않는 실정이다. 우리는 부족 집단에서 도시로, 한 나라 안에서, 혹은 나라들 사이에서 이루어지는 아프리카 사람들의 움직임을 이제 막 밝혀나가는 중이다. 역사적 자료로서 유전학이 갖는 힘은 인류 연구에서 이제 막 활용되기 시작했는데, 그중에는 굉장히 흥미로운 이야기들도 있다. 아프리카의 쿠바Kuba 왕국은 현재 콩고민주공화국이 있는 지역의 영토로, 16세기부터 그 지역에 존재하기는 했지만, 벨기에 식민화 이전에 왕국이 독자적으로 급격하게 성장하고 번영한 기간이 있었다. 구전되는 역사에 따르면 그 성장은 샤얌Shyaam이라는 카리스마 있는 왕이 이끈 것으로, 그는 지역의 부족들을 통합해 중앙집권적인 도시국가 형태로 만들었다고 한다. 수도首都, 구두口頭 헌법, 단계적인 법체계, 배심원단에 의한 심판, 과세, 경찰력 등 당시로서는 보기 힘들었던 현대적인 정치 시스템이 많이 갖추어져 있었다고 전해진다.

쿠바 왕국은 식민화가 진행되면서 약화되었지만 쿠바족은 콩고민주공화국 내에 지금도 존재하며, 많은 이들이 자신을 쿠바족으로 여기고

있다. 지금은 쿠바 왕국의 이야기를 DNA로 검증해볼 수 있는 시대인
만큼, UCL의 루시 반 도르프Lucy van Dorp가 연구팀과 함께 이 작업
에 착수했다. 쿠바족 혈통의 후손 101명에게서 DNA를 채취해, 그것을
다른 지역 출신 몇백 명의 DNA와 비교해 본 결과, 연구팀은 쿠바족에
게서 인근 지역으로부터의 굉장히 다양한 DNA 혼합이 나타난다는 것
을 발견했다. 이것은 쿠바 왕국에 이주와 통합을 통해 다종다양한 집단
이 섞여 있었다는 이야기가 실제로 맞다는 뜻이다.

이 책에서 이루어지는 논의의 상당 부분은 유럽 식민지 개척자들의
인종차별적 세계관으로 보는 인종이 유전학과 얼마나 상충하는지를 다
루고 있다. 유사과학적 근거를 내세우는 인종차별주의는 타인을 노예로
삼은 유럽인들만의 전유물은 아니다. 아프리카 내에도, 또 전 세계에도
수많은 인종차별주의가 있으며, 그것 역시 생물학적인 관점에서 정당화
하기는 마찬가지로 불가능하다는 것을 잊지 말아야 한다.

1990년 르완다 내전 당시 투치Tutsi족이라는 집단이 반란 세력인 후
투Hutu족에게 대학살을 당했다. 추정치는 다양하지만, 믿을 만한 출처
에 따르면 무려 백만 명, 즉 투치족의 70퍼센트 가량이 살해되었다고
한다. 이것은 아마 전체 르완다 인구의 10퍼센트에 해당할 것인데, 100
일 내에 이루어진 문자 그대로 대량 학살이었다.

이것은 인종 전쟁이었다. 이런 적대감과 그에 따른 대량 학살의 원인
은 상당 부분 투치족과 후투족이 유전적으로 뚜렷하게 다르다는 믿음
이었는데, 이런 믿음은 다름 아닌 식민 통치로부터 만들어진 것이었다.
19세기 독일의 르완다 점령 시절, 식민지 지배자들로서는 값어치 있는

작물과 상품들을 최대로 수탈해가려면 지역 산업이 필요했기 때문에 부족들 간의 관계는 대체로 우호적으로 유지되었다. 독일 식민지 지배자들은 투치족이 후투족보다 우월하다고 여겼는데, 이것은 19세기 초에 만들어진 함족(Hamite) 가설, 다시 말해 투치족이 함족 혈통, 즉 중동 기원의 유럽인 및 유럽어족에 속한다는 생각에서 기인한 것이었다. 함족이라는 용어의 기원은 노아의 아들 함Ham의 후손이라는 뜻으로, 『탈무드』에 따르면 그들은 '검게 되는 저주'를 받은 민족이었다. 이러한 혈통은 투치족이 다른 아프리카인들보다 우월하다는 뜻이라고 식민지 지배자들은 생각했다.

20세기 초 르완다 통치를 위임한 벨기에는 인종적 불화의 씨앗을 뿌리고 키워나갔다. 벨기에 관료들은 당시의 우생학 움직임에서 나온 인종차별적인 유사과학을 받아들여, 투치족의 뇌가 더 크고 피부가 더 밝은 색이며, 우유를 마시는 횟수가 더 많으므로 그들은 유럽 혈통이라고 결론 내렸다. 그러고는 앞서 독일이 그랬듯이, 따라서 투치족이 후투족이나 다른 민족 집단들보다 더 우월하다고 주장했다.

1933년에 민족 신분증 제도가 도입되어 이 두 집단의 인종주의적 분리가 공식화되었고, 결정적으로 투치족과 후투족 모두에게 받아들여졌다. 이들 간의 충돌은 20세기 내내 계속되었으며, 1950년대 말에 벨기에 식민지 지배자들이 떠나자 투치족 군주정은 폭력적인 후투족 혁명에 의해 물러났다.

1994년 르완다 내전에서 시작된 악명 높은 대량 학살은 후투족 정부에 의해 선동된 것이었다. 수많은 이들이 살해되었고 강간이 전쟁 무기처럼 대대적으로 자행되었다. 이러한 수십 년간의 충돌과 살해, 대량 학살은 인종적 구분과 순수성 주장에 비추어볼 때 예견된 것이었는데, 그것은 하나같이 유사과학에 근거한 것이었다. 이러한 주장에 대한 인류학, 인체 측정학, 골상학적 근거들은 모두 날조된 것이며, 수세기에 걸친 유럽의 과학적 인종차별주의에서 도출되어 적대적 라이벌이 된 두 집단에 전해진 것뿐이었다.

르완다 사람들의 유전학은 아프리카의 상당 부분이 그러하듯 복잡하며, 각 집단의 상이한 혈통을 보여주는 유전적 차이들도 일부 관찰되겠지만, 그것들은 대거 겹쳐진다. 사회적·문화적 관습들은 다를 수 있다. 투치족은 전통적으로 목축민에 더 가까우며, 이는 락타아제lactase 지속성이 더 높은 이유, 따라서 우유를 더 많이 마시는 이유일 수 있다. 그러나 그것이 인종 청소 및 대량 학살의 근거가 되는 것은 아니다. 대체로는 투치족과 후투족 사이에 대규모 집단 혼합이 있어왔지만, 수많은 내전에서 그러하듯이 생물학적 차이는 무시되었다. 가장 암울한 아이러니는 전쟁 무기로 강간을 자행한 결과 1만 명에 달하는 전쟁 아기들이 태어났다는 소름끼치는 사실이다. 이 아이들은 후투족과 투치족의 유전자를 가지고 있다. 결과는 인종 청소가 아니라, 인종 혼합이었다.

누구, 혹은 언제부터

약간 다르지만, 역시나 생명에 위협적인 또 다른 유형의 인종 순수성 주장은 민족의 축출에 집착한다. 영국의 경우, 현재 영국으로 들어오는 이민자와 난민들에 대한 불안도 있지만, 사실 극우에 있는 이들은 '영국인들을 위한 영국(England for the English)' 같은 문구로 오래 전부터 분노를 표출해왔고, 더러는 토착 영국인의 시민권을 보호해야 한다는 주장을 펼치는 이들도 있다. 내가 이해하기로는 위협 받고 있는 대상이 영국인들은 아닌데 말이다. 작년에는 트위터에서 어떤 사람이 나에게 "네가 온 곳으로 돌아가라."고 하기에, 내친김에 그 주말에 입스위치에 있는 가족들을 보러 다녀오기도 했다. 2019년 7월에 트럼프 대통령은 새로 선출된 여성 국회의원 네 명이 "원래는 정부가 구제불능으로 엉망인 나라 출신"이라면서, 만일 미국이 마음에 안 든다면 그들은 자기네 나라로 돌아가야 한다고 언급했다. 그중 셋은 미국에서 태어났고 나머지 한 명인 일란 오마르Ihlan Omar는 소말리아 태생의 미국 국민인데 말이다. 도널드 트럼프의 친조부와 친조모는 미국으로 이민 온 독일 이민자들이며, 그의 어머니는 스코틀랜드 태생이고, 그의 첫 번째 부인은 모라비아Moravia 태생이며, 세 번째 부인은 슬로베니아 태생이다. 도대체 '언제'부터를 토종으로 간주해야 하는지는 정말이지 불분명하다.

　사소한 것이기는 하지만, 가까운 윗세대에 해외 혈통이 있는 나 같은 사람들에게, 혹은 흑인인 영국인들이나 전후戰後 이민자들의 후손인 남아시아인들의 경우 이것은 문제가 되며, 내가 보기에 인종차별주의자들의 분노는 상당 부분 우리를 겨냥하고 있는 것 같다. 그러나 영국은 역사 내내 꾸준하게 지속적으로 침략을 당해왔으며, 약 7500년 전에 섬이 된 이후 늘 이민자들의 천국이었다. 1066년에는 프랑스인들이 쳐

들어와 영국 왕의 눈에 화살을 꽂으며 이 땅을 점령했다. 그 전에 우리는 바이킹족의 무자비한 침입을 받았고, 그 전에는 앵글Angle족, 색슨Saxon족, 훈Hun족, 알란Alan족, 그밖에 수십 개의 소규모 부족과 무리들이 대륙으로부터 끊임없이 유입되었다. 그 전에는 로마가 최소한 하드리아누스 방벽(Hadrian's Wall, 고대 로마인들이 영국 잉글랜드에 세운 성벽―옮긴이)에서부터 북부 영토까지를 다스렸는데, 징집된 로마 군인들의 상당수는 로마 출신이 아니라 갈리아Gallia인, 지중해 지역 아프리카인, 사하라 이남 아프리카인 등 여러 대륙에 걸친 광활한 로마제국 안팎에서 온 이들이었다.

약 4500년 전 영국에는 주로 유럽에서 이주해온 농부들이 살았는데, 그들은 현재 이스트 앵글리아와 네덜란드 사이의 북해 지역이며 당시에는 이어진 영토였던 도거랜드Doggerland, BBC 라디오4의 해상 기상예보에서 날마다 '도거뱅크Dogger Bank(영국과 덴마크 사이의 얕은 바다―옮긴이)'라고 언급되는 바로 그곳을 넘어 영국으로 왔다. 스톤헨지 같은 독특한 거석을 세운 사람들이 바로 이 이주민들이었다. DNA를 근거로 우리는 그들이 오늘날 지중해 남부 사람들처럼 짙은 올리브색 피부에, 짙은 색 머리카락, 갈색 눈동자를 지녔을 것으로 추측하고 있다.(1부에서 살펴보았듯이 이 정도가 우리가 예상할 수 있는 최대치다.)

유럽 대륙에서는 새로운 문화가 출현하고 있었고, 그것은 짧은 시간에 널리 퍼졌다. 우리는 그러한 문화를 보여주었던 이들을 이 시대의 매장품들이나 다른 유적에서 발견된 토기土器 모양을 본떠 비커Beaker족이라고 칭한다. 이러한 유형의 물질문화에 중심적인 기원이 따로 있는지는 아직 밝혀지지 않았지만, 그것은 곧 유럽 전역으로 확산되었다. 이 문화, 그리고 이 문화와 함께 나타난 사람들은 약 4400년 전에 영국에 상륙했고, 이 땅에서 발굴된 뼈들에서 채취한 DNA에 따르면 그들은 몇 세기 만에 거의 인구 전체를 차지하게 되었다. 이것은 유전자적 정체성이 90퍼센트 이상 바뀔 정도의 대대적인 변화였다. 그들의 우세는 오래가지 않았다. 어떻게 혹은 왜 그렇게 되었는지, 폭력이나 질병 같은 요인이 있었던 것인지는 알 수 없지만, 불과 몇 세기 만에 그들은 모두 사라졌고, 특징적인 종 모양 토기와 유골단지를 가진 이베리아 반도의 농부들은 그렇게 영국인이 되었다.

스톤헨지를 세운 사람들이 있기 전에는 이 땅에 다른 이들, 즉 수렵채집인들이 살았는데, 그들은 몇천 년 동안 거주했고 더 짙은 색 피부를 갖고 있었다. 1부에서 언급했던, 1만 년 전에 죽은 체다인도 그런 사람들 중 하나였다. 그리고 그 이전은 이제 약간 흐릿해진다. 서식스 Sussex의 박스그로브Boxgrove구區에서 다른 인간 종의 뼈가 출토된 적 있는데, '호모 하이델베르겐시스Homo heIdelbergensis'일 것으로 추정된다. 그것은 약 50만 년 전의 키가 큰 여성 혹은 남성의 뼈로, 그 사람은 코뿔소와 곰을 사냥했다. 이런 동물들의 뼈 역시 인근에서 발견되었다. 그러나 영국인에 대한 가장 초기 증거는 노픽Norfolk 헤이즈브러 Happisburgh의 침식 해안지대에 있으니, 90만 년 전 9호 신발 크기(약 270mm정도—옮긴이)의 발자국들이 무른 돌에 찍혀 있다가 바닷물이 낮아졌을 때 드러난 것이다.

진정한 의미에서의 유일한 토착 영국인들은 이 땅을 거의 백만 년 전에 차지했고, 우리는 그들이 어떤 종이었는지 확실히 알지 못한다. 그래서 인종차별주의자들이 '영국을 영국인들에게'라고 말할 때, 혹은 토착인을 언급할 때 나는 그들이 누구를 말하는 것인지, 더 정확하게는 도대체 '언제'를 이야기하고 있는 것인지 모르겠다. 아무래도 내가 보기에 그들은 그 어느 쪽도 의미하지 않은 것 같지만 말이다.

지질학적 역사와 인간들의 역사는 국경과 정부들의 일시성을 별로 상관하지 않는다. 영국은 법치주의를 존중하는 나라이며, 우리에게 식민지 시대의 과거가 있다는 사실은 이 나라의 국민 구성도 제국의 역사로 인해 복잡하다는 것을 뜻한다. 그러나 만일 당신이 영국 국민이라면 당신에게는 영국 여권이 주어지며, 그것은 법적으로, 기술적으로, 그리고 실질적으로 당신을 영국인이 되게 해준다. 이것은 타협 불가능한 사실이다. '진짜 영국인' 혹은 '영국 토착인'이 누구인지에 대한 논쟁들은 인종차별주의를 숨기려는 몰역사적이고 비과학적인 연막에 불과하다.

그러나 모든 나라들이 같지는 않다. 지구상에서 주거가 가능한 곳이면 어디든 거의 천 년 동안 사람들이 살아왔기 때문에 '첫 사람(First people)'이란 단순한 개념이 아니다. 뉴질랜드가 주요 대륙 중에서 인간의 발길이 가장 마지막으로 닿은 곳인데, 엄밀히 따지면 아오테아로아 Aotearoa('뉴질랜드'를 가리키는 마오리식 명칭—옮긴이)에 최초로 발을 들인 이들은 마오리족이므로 그들이 그곳의 토착민이라 할 수 있다. 마오리족이 11세기 혹은 12세기 뉴질랜드에 당도했을 무렵 영국은 마지막으로 무자비한 침입을 당하고 있었다. 바이킹족은 아이슬란드에 최초로 발을 들인 사람들이었다.(아일랜드 수도승 한두 명을 제외하면 말이다. 물론 독실하고 순결했던 그들은 어떤 후손도 남기지 않았다.) 그들은 노르웨이와 덴마크 남자들이었고, 서쪽으로 항해를 나서면서 스코틀랜드, 페로스Faeroes 제도諸島, 아일랜드의 여자들을 태우고 갔다. 아메리카 대륙의 첫 사람들은 약 2만 년 전 그 땅에 당도했는데, 우리가 지금까지 발견한 바에 따르면 그 이전에는 거기에 사람이 살고 있지 않았다. 콜럼버스가 침입했을 당시 이들 토착민들이 순수한 인종이었을까? 아니다. 그들은 2만 년 이상을 지구의 경도 거의 전체에 달하는 그 대륙 '안에서' 이동하며 살았기 때문이다.

DNA에 관해 더욱 당혹스러운 점이 하나 더 있다. 기초 생물학에 따르면 우리는 우리의 게놈 중 절반을 어머니에게서, 절반을 아버지에게서 물려받는다. 이것은 전 시대에 걸쳐 모든 인간들에게 보편적으로 받아들여지는 사실이다.[14] 아기가 잉태되는 순간 전적으로 새로운 게놈이 만들어진다. 그러나 난자와 정자가 결합할 때 일어나는 유전자 재조합 과정에서 두 개의 세포는 반드시 각각 고유해야 하며, 절반의 고유한 게놈을 갖고 있어야 한다.(따라서 수정이 성공할 때 나머지 고유한 절반은 그 이후 세대들에서는 사라진다.) 이는 곧 각 세대마다 동일한 반쪽이 전달되는 것이 아니라는 말이다. 여러 세대를 거치면서 후손들은 자기 실제 조상들의 DNA를 상실하기 시작한다. 사라지는 분량은 누적될수록 점점 커

---

14 그러나 지난 몇 년 사이에는, 몇몇 아이들이 질병 치료를 위해 세 번째 유전자 기증자에게서 미토콘드리아 게놈을 받은 일이 있기는 하다. 언론에서는 그들을 '부모가 셋인 아이들'이라고 묘사하지만, 사실 그것은 지극히 극소량의 DNA라서 그런 표현은 그리 적절하지 않다.

지기 때문에, 열한 세대 위 조상들의 경우라면 당신은 그들의 DNA 절반만을 갖게 된다. 족보학과 유전자 계보학은 완벽하게 합치되지 않으며, 그 간극은 시간을 거슬러 올라갈수록 점차 벌어진다. 따라서 당신이 18세기 중반의 조상들과 유전적으로 연관이 없는 일도 가능한 것이다. 바로 이런 점에서 유전학을 이유로 어떤 부족이나 인종, 혹은 다른 정체성의 일원이라고 주장하는 것은 더욱 근거가 빈약해진다.

유전적 혈통 검사의 허상

잘 알려져 있다시피 몇 년 전부터 DNA 시퀀싱이 매우 저렴하고 신속해짐에 따라, 침 샘플에서 소비자의 유전자를 채취해 DNA의 특정 부분들을 읽은 다음 소비자의 개인적 유전자 변이를 예측해준다는 회사들이 앞 다투어 나타났다. 그중에는 건강이나 식이, 운동 능력, 심지어 터무니없게도 와인 취향이나 잠재적 배우자와의 궁합 같은 것에 주력하는 회사들도 있다. 몇몇 회사들은 거대 기업이 되었는데, 그들은 유전자 계보학 사업에 근간을 두고 있는 경우다. 잠깐 있다가 사라진 회사들 중에는 검사를 의뢰한 사람이 사실은 역사에 없는 어느 부족의 일원이었다든지, 떠돌아다니는 유목민, 혹은 낭만적인 이야기 속의 도공이었다는 황당한 주장을 하는 경우도 있었다. 시장 원리의 자연 선택에 따라 그런 회사들은 걸러져 영원히 사라졌지만, '23앤드미'와 '앤세스트리DNAAncestryDNA' 같은 대기업들은 지금까지 남아있다. 이 두 기업은 현재 무려 2600만 명에 달하는 고객들의 게놈을 보유하고 있는데, 자신의 유전적 유산에 대한 정보를 일부 얻기 위해 돈을 지불하고 자신의 침을, 그러니까 DNA를 넘긴 사람들이 그만큼 된다는 뜻이다.

이런 업체들의 마케팅은 설득력 있으며 솔깃하다. 그들은 전형적으로 '당신의 뿌리를 찾으세요' 같은 메시지, 혹은 이국적인 미지의 조상들에 관한 이야기로 우리의 나르시시즘에, 호기심과 소속감에 어필한다. 23앤드미는 2018년 남자 축구 월드컵 결승전이라는 기회를 십분 활용해, "당신의 뿌리 찾기를 응원합니다. 당신의 고유한 DNA와 일치하는 나라를 응원하고 진정한 축구팬이 되세요."라고 광고했다. 아마도 마케팅 팀이 축구 팬들을 별로 많이 만나보지 못한 것 같다.

앤세스트리DNA 웹사이트에서는 개인적으로 알게 된 정체성 등에 대해 사용자들이 남겨놓은 후기를 볼 수 있다. "내 정체성의 얼마나 많은 부분이 내 가족의 역사에 의해 규정되어 있었는지를 깨닫기 시작했어요."라고 마크Mark라는 고객은 써 놓았다. "어렸을 때 나는 언제나 내가 100퍼센트 영국인이라고 생각했어요. 아버지는 에지웨어에서 태어났고, 어머니는 햄프셔 태생이었죠." 그러나 광고에 따르면 그는 자신의 증조부와 증조모가 러시아인, 독일인, 그리스인이라는 사실을 알게 되었으며, DNA 검사 결과 마크는 '오직 40퍼센트만 영국인이고, 25퍼센트는 독일인, 35퍼센트는 그리스인'인 것으로 드러났다.

여기에 물론 인종차별주의적인 정서는 없다. 오히려 그 반대로, 이런 것은 가족의 서사가 잊혔거나 알려지지 않아서 새롭게 보일 수 있을 뿐이지, 우리 모두는 각양각처 출신의 혈통으로 이루어진 혼혈이라는 관점을 널리 알리는 셈이다.

그렇다고 해서 이런 검사들에 과학적으로 탄탄한 근거가 있다는 말은 아니다. 이런 업체들이 실제로 하는 일은 당신의 DNA를 다른 고객들, 즉 지구상에 살아있는 다른 사람들의 데이터베이스와 비교해 그중에서 당신이 어디쯤 위치하는지를 보여주는 것뿐이다. 당신이 몇 주 후에 받는 그런 유전자 지도는 사람들 집단과 당신의 유사성을 보여주고, 그것으로부터 당신의 혈통적 뿌리를 추론하게 해준다. 이것은 당신의 게놈에 유전적으로 기여한 집단들을 보여준다는 점에서 틀린 것은 아니다. 그것은 혈통적 비율의 확률을 보여준다. 이러한 유전자 시험 키트는 아주 가까운 가족 구성원을 식별하는 데는 매우 훌륭할 수 있고, 이것을 통해 잃어버린 형제자매나 사촌, 입양되어서 전혀 몰랐던 부모를 찾게 되었다는 사례도 일부 보고된다. 그러나 이런 업체에 돈을 지불한 절대다수의 고객들의 경우 결과는 너무 개괄적이며 싱거운 수준이다.

당신이 '40퍼센트는 영국인, 25퍼센트는 독일인, 35퍼센트는 그리스인'이라는 식으로 데이터를 뭉뚱그리는 것이 내 눈에는 당혹스럽게 보일 뿐이며, 그런 것은 먼 옛날 그리스 혈통을 갖고 있었던 조상들의 숫자나 관련성을 전혀 보여주지 못한다. 더 정확한 결과는 이런 식으로 나올 것이다. '당신이 현대의 독일 및 그리스와 지리적 연관성을 갖는 사람들로부터 상당 부분 유전적 기여를 받았다는 사실에도 불구하고(또한 이들 중 누가 당신의 조상인지도 확실하지 않지만) 당신의 가계도는 유럽 전역에, 또한 그보다 조금 적기는 하지만 그래도 여전히 상당한 정도로 전 세계에 퍼져있다. 하지만 당신은 시민권이 법적으로 정한 바에 따라 여전히 100퍼센트 영국인이다. 유전학이 그 사실을 바꾸지는 못한다.' 물론 이게 마케팅 문구로서도 간결하지 못하고, 어쩌면 크리스마스 선물로도 그다지 그럴듯해 보이지 않는다는 건 나도 인정한다.

나아가 이런 업체들의 서비스와 그 결과들은 국민성(nationhood)에 수반되는 일종의 본질주의에 대한 오랜 믿음을 강화한다. 이런 믿음은 유전과 유전학에 대한 대중들의 이해를 더욱 어지럽히는 대표적인 특징이다. 유전자는 우리의 행동을 포함해 우리의 생명 활동 전체에서 중요한 역할을 한다. 그러나 현대의 집단에 유전자가 어느 정도 영향을 주었는지를 우리가 측정할 수 있고 그것이 유전된다고 해도, 유전자가 어떻게 작용하는지를 우리가 알고 있는 것은 아니며, 여러 세대를 거치면서 그러한 기여도가 얼마나 안정적으로 지속되었는지에 대해서도 우리가 말할 수 있는 것은 거의 없다.

'35퍼센트 그리스인'이라는 말이 당신의 특징이나 행동에 관해 뜻하는 게 있기는 할까? 사람들이 나에게 일상적으로 자주 하는 얘기 중에는, 뜻밖의 자기 혈통을 알게 되어 드디어 정형화된 국민성에 상응하는 자신의 성격을 이해할 수 있게 되었다는 말이 있다. 그것들은 하나같이 긍정적이거나 매력적인 특징들이다. 가령 용맹한 스페인인, 체계적인 독일인, 열정적인 프랑스인, 강인한 스코틀랜드인 같은 식이다. 자신의 혈통이 자신들이 의지가 약하거나, 거미를 무서워하거나, 소심한 아첨꾼이라는 사실을 설명해준다고 말한 사람은 없다. 국민적 특징이라는 것에도 분명 일말의 진실이 있을 수 있다. 수세대에 걸쳐 같은 문화적 영향 아래 함께 살고 있는 사람들은 다른 이들보다 더 비슷하게 행동할 수 있고, 앞으로도 그러할 것이기 때문이다. 그러나 이런 것들이 유전적으로 암호화되었고, 시간이 지나며 안정화되어 개인의 행동에 대한 이유가 될 수 있다는 말에는 동의하기 어렵다.

이런 유형의 혈통 검사의 정보성을 약화시키는 요소가 또 하나 있다. 그런 검사 결과는 임의의 집단이나 일반적인 집단이 아니라, 돈을 지불한 다른 고객들의 DNA 데이터베이스와의 비교에서 나온 것이라는 점이다. 그럴 경우, 당신의 검사 결과는 서로 비슷한 사람들에 의해 결정될 가능성이 매우 높다. 사회경제적인 이유로, 그러한 업체에 돈을 지불하는 사람들은 비교적 부유한 유럽인들이거나 유럽인의 후손인 북미인들인 편이다. 예를 들어 나의 '23앤드미' 유럽인 게놈의 경우, 결과로 나온 데이터의 정확도는 매우 높은데, 그것은 스칸디나비아와 프랑스, 영국 같은 지역의 DNA들이 비교 데이터로 잡혀있기 때문이다. 내 게놈의 절반은 인도 혈통에서 나온 것이지만, 그 검사 결과 속에서 13억 명의 인도인들은 어떤 구조나 세부사항도 없이 하나의 단위로만 표시된다. 단지 이 검사 키트를 구매해서 자신의 DNA를 업체의 데이터베이스에 넘겨준 인도인, 혹은 인도인 후손들이 상대적으로 적다는 이유만으로 말이다.

미국의 경우는 굉장히 독특하고 짧은 역사를 가진 나라이니만큼 이 문제는 더 심각하다. 미국은 전 인구의 약 8분의 1이 흑인으로, 대개는 서아프리카에서 노예로 끌려온 사람들의 후손이다.[15] 그들 조상의 실제

---

15 실제로는 많은 유럽인 후손의 미국인들에게 아프리카 혈통이 섞여 있고, 아프리카계 미국인들도 상당한 비율로 유럽 혈통을 가지고 있다.

출생지나 국적은 대부분의 경우 전혀 알려져 있지 않다. 아메리카 대륙의 토착민들, 특히 북미 원주민들은 미국 전체 인구의 약 2퍼센트를 차지한다. 현행법은 인종차별주의적인 관행을 금지하고 있지만 그와 무관하게, 그리고 대중 속에 인종차별주의가 얼마나 만연한지와 무관하게, 위 두 집단은 지금까지 역사적으로, 그리고 최근까지도 정부 차원에서 승인된 인종차별적 정책들의 대상이었다. 민권 혁명은 고작해야 1960년대에 일어났으며, 북미 원주민에 대한 강제 불임수술은 1970년대까지도 시행되었다.

위의 두 그룹은 사회경제적으로 비교적 낮은 지위를 가진 경우가 많으며, 유전자 검사 키트를 활용할 가능성도 마찬가지로 낮다. 그러한 이유로 일부 회사들이 사회경제적 계층에도 관심을 두기는 하지만, 결과는 역시나 크게 다르지 않다. '아프리칸 앤세스트리African Ancestry'가 그런 경우에 해당하는데, 그 회사는 웹사이트에 자신들은 경쟁사들과 달리 '아프리카 출신 국가를 알아낼' 수 있고, '아프리카 민족 그룹을 특정'할 수 있다고 밝혀 놓았다.

내가 볼 때 위 두 가지 발언은 모두 과학적으로 의문의 여지가 있다. 아프리카 내 민족 그룹은 유전자보다는 문화와 관련된 경우가 더 많으며, 채취한 게놈으로 분류한 집단들과는 딱히 정확하게 일치하지 않는다. 아프리카인들의 게놈을 과학적으로 분석한 연구자들은 어떤 국가를 구체적으로 특정하려고 하지 않는 편이며, 대신 가령 '서부 반투어를 구사하는 혈통'에 해당하는 어떤 유전자 서명을 식별할 수 있을 뿐이라는 입장을 보인다. 반투족은 아프리카 대륙을 가로로 가로지르는 매우 다양한 그룹으로, 그 안에 수천만 명의 사람들이 대략 수백 개의 부족을 형성하고 있기 때문이다. 게다가 가장 최근의 사하라 이남 아프리카 유전자 연구들에 따르면, 아프리카의 유전자 역사는 극도로 복잡하다. 그리고 이러한 유전자들이 아메리카 대륙으로 유입되었을 가능성도 충분히 예상해볼 수 있다.

아프리카 대륙 사람들의 유전자가 매우 복잡하게 구성되어 있다는 점은 앞서도 이미 살펴보았다. 여기에 더해, 대서양 노예무역 시대에 많은 이들이 아메리카 대륙으로 이동한 점을 감안하면 상황은 훨씬 더 복잡해진다. 추정치는 다양하지만, 역사가들은 대체로 16세기에서 19세기 사이에 약 1200만 명의 사람들이 세네갈, 시에라리온, 앙골라, 콩고 등지의 해안 국가에서 북미와 남미 대륙으로 끌려간 것으로 보고 있다. 이 책이 노예제의 역사에 관한 책은 아니지만, 유전자 검사를 통해 혈통을 알아내려고 한다면 반드시 짚고 넘어가야 할 점들이 있다. 처음 계약노동으로 끌려온 아프리카인들이 당시 영국 식민지였던 제임스타운에 도착한 것은 400년 전이지만, 아프리카인들은 이미 약 한 세기 전부터 카리브해 지역과 북미에 와 있었다. 노예제는 17세기 이후로 식민지법에 의거해 일관성 없이 시행되었고, 특히 '파르투스 세퀴투르 벤트렘 partus sequitur ventrem'이라는 원칙, 즉 영국 식민지에서 태어난 아이는 어머니의 법적 지위를 물려받는다는 원칙이 잘 알려져 있었다. 다시 말해 노예 여성의 딸이나 아들은 날 때부터 노예로 태어나는 것이다. 이 법이 만들어지는 데는 1656년 엘리자베스 키Elizabeth Key 사건이 결정적인 역할을 했다. 법정 기록에 '몰레토molleto'로 기록되어 있는 키는 아프리카 여성과 영국 남성의 딸이었다.(흔히 '물라토mulatto'로 더 잘 알려져 있으며, '혼합된 인종'이라는 뜻이다.) 키는 자신과 아들 존의 자유권에 대해 소송을 걸었고, 크리스천으로 세례를 받았다는 점을 근거로 승소했다.(크리스천의 경우 영구히 노예로 예속되어 있는 것이 허용되지 않았다.) 또한 당시에 자녀의 지위는 아버지의 지위에 의해 결정되었으므로 이 경우에는 그녀의 영국인 남편과 대리인 윌리엄 그린스테드William Grinstead의 지위에 의해 아들의 신분이 결정되었던 것이다. 키는 남편이 죽은 후 재혼했고, 아들 존은 자유인이 되었다. 역사적으로 중요성이 있는 인물이기 때문의 키의 후손들은 기록으로 잘 남아있고, 많은 이들이 그린스테드나 그림스테드Grimstead, 혹은 그린스테드Greenstead라는 성을 가지고 있으며, 그중에는 배우 조니 뎁Johnny Depp도 포함된다.

'파르투스' 법은 버지니아 주 의회에 의해 1662년에 도입되었는데, 노예 여성과의 사이에서 낳은 아이에 대해 부계의 책임을 면제해주기 위한 것이었다. 이는 '하위혈통(hypodescent)'이라고 알려진 개념으로, 혼혈 자녀의 사회적 지위를 더 낮은 쪽으로 귀속시키는 것을 말한다. 남자들이 노예 여성과의 사이에서 아이를 낳는 것은 흔한 일로, 혁명 이후 시대에 가장 유명한 인물은 토머스 제퍼슨Thomas Jefferson 대통령이었는데, 그는 아프리카계 미국인과 영국인 사이에서 태어난 샐리 헤밍스Sally Hemings라는 여성과 여섯 명의 자녀를 둔 것으로 알려졌다. 버지니아 법에 의하면 제퍼슨의 자녀들은 가계도상의 영국인 혈통의 비율 때문에 법적으로 백인이었지만, '파르투스' 법 때문에 날 때부터 노예의 신분으로 태어났다. 그의 후손들 중에는 오늘날 잘 알려진 인물도 많다.

미국에서 노예 수출이 1808년에 공식적으로 금지되기는 했지만 노예무역 자체는 미국 내에서 계속 이루어지다가, 그로부터 55년 후 링컨 Lincoln 대통령이 '노예해방선언'으로 알려진 행정명령에 조인하면서 예속되어있던 350만 명의 미국인들이 자유인이 되었다.

비록 피상적으로 설명하기는 했지만, 이와 같은 400년에 걸친 미국인의 삶의 역사는 오늘날 미국 내의 혈통을 이해하는 데 깊은 의미가 있다. 대서양 노예무역이 끝났을 무렵 미국 인구는 약 700만 명이었는데, 노예제가 종식되었을 즈음 인구는 2,300만 명이었다. 이후 100년 동안 미국 내로 유입되는 이민이 가속화되었고, 현재 미국 인구는 3억 2,500만 명까지 늘어났으며, 그중에는 아프리카 출신도 일부 포함되지만 대다수는 유럽 국가들 출신이다. 오늘날 미국의 아프리카계 미국인 인구는 약 4,200만 명 정도다. 노예 신분이었던 사람들 사이에, 그리고 노예와 주인들 사이에 성관계가 계속 있었다는 점을 감안하면, 그리고 인간의 세대 기간의 일반적인 법칙들을 동일하게 적용해보면, 노예제 시절 노예들의 아프리카 출신국을 유전자 검사로 밝혀낼 수 있다는 것은 사실 상상도 할 수 없다. 지구상 어디나 마찬가지로, 오늘날 아프리카계 미국인에게는 18세기에 1,000명 이상의 조상들이 있었을 것이다. 그들 모두가 한 부족, 혹은 한 나라 출신일 수는 없다.

수백만 명의 아프리카인들이 끌려왔고, 배에 실려 오는 도중에 수많은 이들이 질병으로 죽거나, 구속되어 사느니 죽음이 더 나을 것이라 생각해 바다로 뛰어들었다. 그 여정에서 살아남은 이들은 출신 국가별로 분리되지 않았으며, 또한 아메리카 대륙 전역의 대농장에서 가축처럼 거래되는 와중에도 그렇게 분류될 수 없었다. 어쩌면 데이터베이스가 늘어나고 더욱 미세한 분석의 연구가 계속되면서, DNA로 일부 조상들이 현재 어느 지역이나 부족 출신이었는지를 밝혀내는 게 가능해질 수도 있다. 그러나 아무리 노예제라는 기괴한 역사가 있다 하더라도 모두에게는 두 명의 부모, 네 명의 조부모, 여덟 명의 증조부모가 있으며, 잘 알려져 있듯이 아프리카 내에서 이루어지는 집단 혼합의 정도를 감안하면, 특정 국가를 확정해줄 수 있을 정도로 순수한 유전자 신호를 알아내기란 쉽지 않을 것이다. 인간은 종잡을 수 없이 이동하며, 자의적인 행위로든 잔인하고 사악한 행위를 통해서든 재생산의 욕구 또한 갖고 있기에, 단 하나의 지리적 출신이란 터무니없는 개념이다.

자신의 혈통에 대해 알고 싶은 욕구는 강력하고, 아프리카계 미국인들의 경우는 공감이 특히 더 중요한 문제일 것이다. 대서양 노예무역은 인간이 동료 인간에게 얼마나 잔인해질 수 있는지를 보여준 극악무도함의 정점이었다. 조상들의 집은 파괴되었고, 부족은 소멸되었으며, 국가들은 멸망했다. 수백만의 사람들이 사슬에 묶인 채 배에서 죽었다. 민족의 차원에서 볼 때 그렇게 과거로부터 뿌리째 단절되고 과거가 백지 상태로 되었다면, 아주 적은 정보라도 중요하게 여겨지고 힘이나 위안이 될 수 있다. 그러나 그렇다 하더라도 상업적 유전자 검사는 여전히 과학적으로 설득력이 없다.

북미 원주민들의 경우, 이야기는 다르지만 결과는 비슷하다. 아메리카 대륙의 다양한 토착민들에 대한 억압과 박해는 1492년에 시작되어 몇백 년 동안 이어졌다. 그 시기에 부족들은 강제로 이주를 당했으며 여성들은 강간당하고 살해되었다. 아마 미국 역사에서 가장 잘 알려진 강제 이주는 '눈물의 길(Trail of Tears)'일 것이다. 1830년, 앤드류 잭슨Andrew Jackson 대통령은 '인디언 퇴거법(Indian Removal Act)'을 비준했는데, 그것은 표면상으로는 그저 연방 정부에 체로키Cherokee족과 자발적 이주에 관해 협상할 권리를 부여한 것이었지만, 실질적으로는 1만 6,000명이 넘는 토착 미국인들의 강제 이주를 촉진하는 결과를 낳았다. 이것은 또한 체로키족의 영토에 있던 금 채굴로도 이어졌다.

이 강제 이동 중에 수천 명이 죽었다. 이런 종류의 대량 학살 정책들이 존재했다는 것은 우선 수십 년에 걸쳐 대대로 정부가 인종차별적이었다는 방증이다. 그러나 또한 2만 년에 걸친 이동을 통해서는 물론, 침략 이전 아메리카 대륙 내에서도 상당한 수준으로 집단 혼합이 이루어졌을 것이라는, 한 집단의 매우 독특한 역사를 말해주기도 한다. 북미 원주민 집단 내의 혈통에 관해서는 서면 기록이 거의 없으며, 설상가상으로 유전자 샘플까지 부족하기 때문에 북미 원주민의 게놈에 대한 현재 우리의 이해는 상당히 빈약하다. 우리는 식민화 전후에 부족들 사이에 유전자 흐름이 있었다는 것을 알고 있다. 또한 부족들은 자신이 거주하는 땅에 아주 깊이 연결되어 있으므로, 강제 이주로 주거지가 바뀌면서 부족 내로 어느 정도의 유입이 이루어졌으리라는 것도 알 수 있다. 부족들의 구성을 규정하는 방식이 몇 가지 있는데, 주로 쓰이는 것은 19세기 유럽계 미국인들이 만들어낸 '혈액양(blood quantum)'이라는 개념으로, 부족 내에 당신의 조상이 몇 명이나 들어있는지를 보는 깃이다. 부권父權이 도전받는다는 점은 둘째치고라도, 이런 경우 DNA는 유의미하게 사용될 수 없다.

그러나 사실이 이러함에도 불구하고, 한 부족의 구성을 정확히 규정할 수 있다고 자신하면서 상품을 파는 유전자 계보학 회사들은 끊임없이 나타나고 있다. 캐나다의 DNA 검사 업체 '어큐-메트릭스Accu-Metrics'에 따르면, 미국 내에는 공인된 부족들이 562개, 캐나다에는 최소 50개가 있으며, 소비자는 125달러만 내면 자신이 이러한 그룹들 중 어디에 속하는지를 알아낼 수 있다고 한다. DNA 컨설턴트들은 체로키족 검사를 99달러에 판매하고 있으며, 추가금 25달러면 증명서를 발급해준다. 이런 상품들은 내가 보기에는 유사과학이고, 유전자 버전의 별자리점이다. 현재 북미 원주민의 DNA 데이터베이스가 부족하다는 점을 감안하면, DNA를 이용해 부족의 구성을 특정하는 것은 불가능하며, 토착 부족들 집단의 역사를 고려할 때 그것은 앞으로도 절대 가능하지 않을 것으로 보인다.

이제 우리는 원거리 이주와 끊임없는 유전 물질의 교환이 인간 역사의 보편적 특징이며, 그 결과 현재의 인구 구조가 조상 집단들의 지리적 위치를 그대로 반영하지는 않는다는 것을 분명히 알고 있다. 지구상의 모든 나라는 독특하며, 모두는 평등하다. 인종적 순수성이라는 것은 존재하지 않으며, 유전학은 언제나 그러한 주장이 엉터리라고 여겨왔다. 전 세계 집단들에는 분명 그 유전적 서명을 갖고 있는 사람들의 현재의 구조, 그리고 어느 정도는 역사적인 구조를 드러내주는 유전자 서명이 있다. 그러나 그것은 인종이라는, 심지어 국가라는 그 어떤 개념과도 상응하지 않는다.

당신은 당신의 유전자가 아니다

지금까지는 유전학을 이용해 문화적 정체성을 찾아내려는 시도들을 집중적으로 살펴보았다. 그러한 시도들은 아무리 잘해봤자 몸부림에 불과하지만 말이다. 동일한 논리가 당연히 인종적 순수성을, 따라서 인종적 우월성을 주장하는 유럽계 후손들에게도 적용된다. 개념으로서의 인종주의는 다양한 정의를 갖고 있지만, 그것들은 전부 철저하게 상대적인 것이다. 한 집단을 인종적으로 어떻게 정의하든, 거기에 함축된 의미는 동일하다. 바로 각 집단들 간에 등급을 매길 수 있는 행동이나 특징이 있다는 것이다.

스스로를 백인 민족주의자, 백인 우월주의, 네오나치Neo-Nazi라고 묘사하는 사람들의 벤다이어그램은, 비록 저마다 미묘한 차이점을 주장하고는 있지만 단일한 원에 더 가깝다. 과학적 인종주의의 초기에 그랬듯이, 그들 거의 모두는 자신이 다른 인종들보다 더 우월하다는 자기규정을 내리고 있다.[16] 공교롭게도 게놈 혁명과 상당히 비슷한 시기에 인터넷이 출현한 이후로 인종차별주의 웹사이트들은 계속 존재해왔다. 아마도 가장 널리 알려진 것이 '스톰프론트Stormfront'일 것인데, 이 사이트는 자신들을 '인종 사실주의자'이자 백인 민족주의자라고 표현하지만, 여기

---

[16] 미국 나치당은 자신들이 백인 우월주의자들이 아니라, 그저 분리주의자들일 뿐이라고 주장한다. 그들은 또한 특히 현대 미술과 랩 음악을 금지하고자 한다. 역시나 그런 식이다.

에는 '포챈4Chan'이나 '에잇챈8Chan' 같은 웹사이트에서 활동하는 이들
도 다수 포함되어 있다.(둘 모두 익명성을 기반으로 한 이미지보드 웹사이트로,
최소한의 검열이 이루어지기 때문에 극우 성향 등 극단적인 게시물들이 많이 올
라오는 것으로 유명하다.—옮긴이) 스톰프론트는 소개 페이지에도 유전학에
대한 자신들의 특별한 관심을 공공연하게 밝혀두었다.

"인류의 문제는 정치적·사회적·경제적 독트린doctrine이나 종교
등 사상의 문제라기보다는 피의 문제다. 다시 말해, 한 사람의 지능
과 성격의 상당 부분(아마도 90퍼센트 이상)이 태어나기도 전에 뇌의
구조를 결정하는 DNA에 의해 정해진다는 사실 말이다. 바로 그래
서 흑인이라는 집단이 그런 식으로 행동하고 있는 것이다."

많은 백인 민족주의 그룹들이 일종의 백인 단일 민족국가를 세우겠
다는 구체적인 목표를 갖고 있고, 상업적인 개인 유전자 검사가 부상
한 이후로 이러한 웹사이트들은 집단 유전학에 집착하는 인종차별주
의자들로 문전성시를 이루고 있다. 이런 검사로 인종적 순수성이 얼마
나 밝혀질지는 불분명하지만, 족보학 애호가들이 자신의 혈통을 추적
하기 위해 사용하는 업체들은 이른바 '백인의 순수성'이라는 개념을 증
명하려는 이들 사이에서도 인기가 있다. 이러한 웹사이트들에는 자신
의 검사 결과를 과시하는 댓글들이 가득하다. 단, 그것이 북부 유럽인
혈통일 경우에 한해서 말이다. 잘 알려진 백인 민족주의자인 리처드 스
펜서Richard Spencer는 2017년, 트위터에 자신의 23앤드미 검사 결과

를 올린 적 있는데, 검사 결과 그는 99.4퍼센트 유럽인이며 아시케나지 Ashkenazi 유대인의 혈통은 전혀 섞여있지 않은 것으로 나왔다. 그는 검사 결과 전체를 모두가 볼 수 있게 설정해두었는데, 확인해보면 그에게는 19세기에 북아프리카인과 몽골인 조상들도 있다는 것을 알 수 있다. 재미있게도 스펜서는 아직 이 점에 대해서는 댓글을 달지 않았다.

이런 게시판에서는 전문 과학 논문에 대한 관심도 뚜렷해서 연구에 관해 방대한 토론도 이루어지지만, 대체로는 학술 기관의 티타임에서 이루어지는 잡담 수준을 넘지 못하는 정도다. 이해의 수준은 굉장히 다양한데, 개중에는 기초 유전학에 대한 최소한도의 지식을 갖고서 다른 사람들에게 길게 설명을 늘어놓는 이들도 있다. 그들은 물론 논의의 세부적인 부분들은 놓치고 있거나, 해당 논문에서 내린 것과는 다른 결론을 도출해내기도 하고, 혹은 그런 연구들이 맞다는 것을 아예 부정해버리기도 한다. 설상가상으로 이들은 학술 논문에 나온 수치를 가져다가 거기에 새로운 이름표를 붙여서 인터넷 밈meme으로 만든 다음 페이스북이나 트위터 같은 소셜 미디어 플랫폼에 퍼뜨리기도 한다. 이런 유형의 과학 논문에 대한 견해나 데이터 등을 소셜 미디어에 공유하는 유전학자들은 인종차별주의자의 댓글들이 버거울 정도로 폭주할 수 있다는 것을 다들 알고 있다. 반응은 어느 정도는 조직적인 것으로 보이며, 때로는 똑같은 표현이나 밈이 반복적으로 나타나기도 한다. 전에 이런 경험을 해본 적 없는, 혹은 자신들의 연구가 인종차별주의자들의 게시판에서 그토록 깊이 있게 토론되고 있었다는 것을 몰랐던 과학자들에게 이런 일은 충격일 수 있다.

유전학자들이 공적인 자리에서 특정 능력과 인종이 과학적으로 무관하다고 주장하면 거기에도 비난이 가해지는 것으로 알고 있는데(대표적으로 인지 능력과 지능에 관한 주장들이 있는데, 이에 대해서는 4부에서 자세하게 살펴볼 것이다.) 학교라는 안전한 공간에서 실제로 우리가 생각하고 토론하는 바는 대중의 생각과는 다르다. 그런 비난은 대형 신문사들의 기사에 버젓이 실리며, 내가 알기로는 거대 소셜 미디어 플랫폼의 저명한 언론인들도 그런 비난에 가담하고 있다. 이것은 사실 언급하기도 민망할 지경이지만, 쓰레기 같은 음모론이라고 할 수 있다. 이것은 사람과 자연에 관한 객관적 진실을 추구하는 데 평생을 헌신하고 있는 수많은 과학자들에게는 헛웃음이 날 정도로 모욕적이며, 뒷받침할 만한 증거도 전혀 없는 터무니없는 주장이다. 우리가 정치적인 이유로 대중에게 진실을 숨기고 있다는 생각은 말도 안 된다. 천지창조설이 말도 안되는 반反과학적인 주장인 것처럼, 가령 내가 다윈이 틀렸다는 것을 증명할 수 있다면, 혹은 인종이 인간 다양성을 설명할 수 있는 과학적으로 타당하며 유용한 개념임을 증명할 수 있다면, 나는 아마 역사상 가장 유명하고 부유한 생물학자가 되어있을 것이다.

조너선 스위프트Jonathan Swift가 1721년에 말했듯이 "추론이 누군가의 잘못된 의견을 수정하게 해주지는 않는다. 추론할 수 있었다면 애초에 그런 형편없는 의견을 갖지 않았을 것이므로."

음모론적 태도를 가진 인종차별주의자들과 과학에 대해 논쟁하는 것은 상당히 헛된 노력이며 기운 빠지는 일이다. 안일한 생각에 틀어박혀 그것을 고수하는 사람들에게 이야기하는 것은 쇠귀에 경 읽기다. 이와 같은 인종차별주의적인 게시판을 둘러보다 보면, 검사 결과 자신이 백인 우월주의자들이 경멸하는 바로 그 민족 혈통이라는 것이 밝혀질 경우 이따금씩 열띤 토론이 벌어지는 것을 볼 수 있다. 특히 상업적인 유전자 혈통 검사에 혈안이 돼있는 게시판들은 더욱 그런데, 나는 어둠의 구렁텅이 같은 이런 곳에 한 줄기 빛이 비치는 것과도 같은 이런 장면을 목격할 때 씁쓸한 기쁨을 감추기 어렵다. 2017년에 바로 이런 현상을 분석한 연구가 있었다. 인종차별주의적인 사상에 헌신해온 사람이 스스로가 자신이 증오하는 바로 그 집단의 후손이라는 것을 알게 되면 무슨 일이 벌어질까?

사회학자 아론 파노프스키Aaron Panofsky와 조앤 도노반Joan Donovan은 스톰프론트에 올라온 3,000개 이상의 댓글을 분석했다. 스톰프론트는 사용자가 몇십만 명에 달하는, 가장 크고 오래된 인종차별주의 인터넷 포럼이다.(그들 내부에서는 백인 민족주의자와 백인 우월주의자까지도 구분하지만, 그것은 지금 이 논의와 딱히 관련이 없으므로 넘어가자.) 사용자들은 자신의 인종적 순수성에 대한 믿음을 굳혀준 결과들에 대해서는 '순혈', 혹은 '100퍼센트 백인' 같은 표현들을 쓰면서 전형적으로 안도감이나 기쁨을 표출했다.

유전자 계보학을 통해 비非유럽인이나 비非백인 혈통을 알게 된 경우에는, 다양한 전략을 도입해 검사 결과에 의문을 제기하거나 결과를 더 낱낱이 파헤쳐보려는 시도가 이루어진다. 그중에는 꽤 복잡한 전략들도 있고, 말할 가치도 없이 멍청한 것들도 있었다. 비교적 단순한 차원의 대응으로 편집증이나 음모론이 많이 거론된다. '그런 회사들은 유대인 소

유의 회사다. 그게 아니라면 그들은 인종적 순수성에 대한 의심을 심어 놓으려는 음모를 꾸미고 있는 것이다.'라는 식이다. 이것은 스톰프론트에서는 흔히 있는 일로, 아래 소개 페이지에 잘 설명되어 있다.

"유대인은 모든 TV 방송국들과 학교, 신문사, 라디오 방송국, 정부, 영화 제작 스튜디오, 은행 등등을 장악하기 위해 배후에서 단합해 왔다. … 유대인 문제의 근원은 다시 한 번 말하지만, 혈액이다. 한 집단으로서, 인종으로서, 그들은 정신병을 앓고 있다. 그 정신 질환의 주요 증상은 마치 내일이 없는 것처럼 거짓말을 하는 능력이다."

이외에도 혈통 검사 결과를 반박하거나 부정하려는 반응들도 있다. 그것은 유대인 음모론보다는 아주 약간 더 세련된 것으로, 그 특정 유전자 검사 회사의 데이터 자체에 결함이 있다고 주장하면서, 사용자에게 다른 회사에서 검사를 받아보라고 추천하는 식이다. 경미한 정도의 비非유럽인 혼혈은 무시해도 좋은 잡음 정도로 치부해버리는 이들도 있다. 비록 그 '중요성'의 기준이라는 것이 임의적이며, 지나치게 다양하긴 하지만 말이다. 또 어떤 이들은 족보학의 혈통이 말해주는 비율에 의거해 퍼센티지를 뭉뚱그려버리기도 한다. 마치 노예제 시대 미국에서 자녀가 백인에 속하는지 아니면 '물라토'나 '콰드룬quadroon(백인과 흑인의 혼혈 중 흑인의 피를 4분의 1 물려받은 사람을 가리키는 미국 노예제 시대의 용어—옮긴이)' 같은 다른 범주에 해당하는지를 결정하기 위해 규칙을 세웠던 것처럼 말이다.

파노프스키와 도노반은 또한 비非유럽인이나 유대인 혈통인 것으로 드러난 사용자들에 대한 반응도 정리했다.(스톰프론트 가입 조건에는 유대인 혈통이 섞여있지 않아야 한다는 조항이 있다. 사실상 이것은 모든 유럽인들에게 불가능에 가까운 것인데 말이다.) 그중에는 동정하는 반응들도 있었다. "나라면 걱정하지 않을 것이다. 거울을 보라, 유대인처럼 보이나? 아니라면 괜찮은 거다." 혹은 그런 사람들을 웹사이트에서 퇴출해야 한다거나, 그런 이들은 자살해야 한다는 등 극단적 적대감을 드러내는 반응도 있었다. 어떤 사용자는 유럽인 DNA를 61퍼센트 갖고 있는 것으로 밝혀졌는데, 거기에는 이런 반응이 달렸다. "내가 당신한테 마실 걸 하나 준비했다. 그것은 61퍼센트는 순수한 물이다. 나머지는 청산가리다. 당신이 이걸 군소리 없이 마실 거라 믿는다. (그게 순수한 물이 아니란 걸 누구든 보면 바로 알 테니, 내용물을 먼저 휘저어야 할지도 모른다.) 청산가리가 물이 아니듯, 당신도 백인이 아니다."

백인 우월주의에서 핵심은 바로 백인의 순수성이다. 하얗다는 것은 다른 피부색에 비해 우월한 것으로 간주된다. 이것은 무엇보다 정복과 제국주의를 통해 유럽인들은 역사적으로 다른 나라들보다 우월한 것으로 해석되었기 때문이고, 뿐만 아니라 왜인지는 모르겠지만 유럽인들은 뭔가를 발명해내고 만들어내는 부유한 사람들이라는 특성을 부여해서이기도 하다. 이러한 태도들은 칸트나 볼테르, 그밖에 17세기부터 20세기에 이르기까지 수많은 이들이 주장한 과학적 인종차별주의 역사 내내 표현된 것들과 놀랍도록 비슷하다. 백인이 아닌 다른 사람들과의 혼혈은 백인 혈통의 순수성을 희석하는 행위이며, 따라서 백인 단일 민족

국가에 대한 정당성을 약화한다.

물론 파노프스키와 도노반의 연구는 (비록 가장 규모가 크고 오래된 사이트이기는 하지만) 인종차별주의 웹사이트 한 군데의 데이터만을 살펴본 것이기는 하다. 그러나 그 점과 무관하게, 상업적 유전자 검사의 유용성은 현재 백인 우월주의 담론에서 주요하며 중대한 일부다. 원하던 결과를 얻은 이들, 원하지 않던 결과를 얻은 이들, 원하지 않던 결과를 반박하거나, 비난하거나, 무시하는 이들 등 다양한 유형의 반응들이 있었지만, 그중 어떤 경우도 인종에 대해 과학적으로 무지한 자신의 견해를 바꿔야 할 수도 있다는 깨달음으로 귀결되지는 않았다.

이것은 적어도 본인 스스로 추론해내지 못하는 한, 추론을 통해 그 사람을 그 입장에서 벗어나게 해주는 일은 불가능하다는 조너선 스위프트의 공식을 상당히 분명하게 입증한다. 이 경우에 대입해보자면, 현대 유전학은 정치적 사상을 지탱해주는 목발로 잘못 사용되고 있으며, 현실로써 그 목발을 없애준다고 해도 그것이 그 사상을 넘어뜨리는 데는 큰 역할을 하지 못한다는 말이다. 그래도 최소한 이런 일들에서 위안을 얻을 수는 있을 것이다. 백인 우월주의자들이 표명하는 인종차별주의를 과학이 뒷받침해주지는 않는다는 것을 보여준다는 점에서 말이다. 이런 게시판에서 이루어지는 유전학과 인종에 관한 논의들은 재미는 있을 수 있겠지만, 대부분은 오직 북부 유럽의 '백인' DNA를 가진 이들만을 중심으로 이루어지며, 또한 그런 논의들은 과학적으로 의문이 들 정도로 단순화되거나 상업화된 검사에 대한 오해로 인해 더욱 강화된다.

인종차별주의자들에게 선택받았다는 이유로 상업적 혈통 검사 업체들을 비난하는 것은 부당하다. 그러나 바로 그 과학 왜곡이 인종차별주의자들과 전형적인 족보학 애호가들을 똑같이 부추기고 있다. 족보학과 유전학의 관계는 밀접하지만 완벽하지는 않다. DNA는 당신에게 가족의 역사와 혈통에 관해 흥미로운 것들을 말해줄 수는 있지만, 기초 생물학의 관점에서 보면, 혹은 놀랄 만큼 넓은 반경에서 이동하고 재생산하는 인간 행동의 측면에서 보면 그 영향력은 몹시 제한적이다. 전통적 족보학에는 그 자체로 추가적인 제한들도 있다. 가령 증거가 되는 문서들은 과거로 불과 두어 세대만 거슬러 올라가도 대부분의 가족들에게 들어맞지 않는다. 대부분의 사람들에게 이러한 족보학적 기법의 단점들은 뛰어넘을 수 없는 큰 장벽이다. 유전적 혈통 검사는 재미있을지 모르겠지만, 내가 보기에는 대체로 천박한 싸구려 오락거리 그 이상도 이하도 아니다.

당신은 당신의 유전자가 아니며, 당신의 조상들도 아니다. 당신 혈통의 대부분은 이미 상실되었고 절대 회복될 수 없다. 다만 우리가 절대적으로 확신할 수 있는 것은 이것이다. 바로 당신은 전 세계 무수한 이들의 후손이요, 당신이 안다고 생각하는 사람들은 물론 전혀 모른다고 생각하는 사람들의 후손이기도 하다는 것이다. 그들 대다수와 당신 사이에는 유의미한 유전적 연결점이 전혀 없을 것이다. 이것이 바로 생물학적 '사실들'이다.

3부

블랙 파워

스포츠에서의 고정관념

올림픽 육상 100미터 달리기 결승전에서 우승한 마지막 백인 남성은 1980년, 스코틀랜드인 앨런 웰스Alan Wells였다. 모스크바 올림픽이었고, 치열한 냉전 체제 때문에 미국이 보이콧하면서 미국의 엘리트 단거리 달리기 주자들이 참석하지 않았다. 출발선에는 웰스를 포함해 다섯 명의 백인 선수들이 서있었고, 나머지 둘은 쿠바인, 한 명은 아프리카계 프랑스인이었다. 동메달 역시 백인 남성이 가져갔는데, 개인 최고 기록이 10.13초였던 불가리아인 페타 페트로프Petar Petrov였다. 알 수 없는 일이기는 하지만, 만일 미국 선수들이 참가했다면 개인 최고 기록이 10.11초였던 웰스는 여덟 명이 서는 결승전에 진출하지 못했을 수도 있다.

백인이 올림픽 100미터 달리기에서 우승한 것은 이것이 마지막이었을 뿐 아니라, 백인 남성이 결승전에 '참가'했던 것 자체도 이것이 마지막이었다. 또한 이것은 우승 기록이 10초를 넘긴 유일한 경기이기도 했다. 1980년 모스크바에서 그 출발 신호탄이 발사된 이후로, 58명의 단거리 달리기 주자들이 100미터 결승전 출발선에 섰다. 나는 2020년 말에 이 글을 쓰고 있고, 당신은 아마 다음 올림픽이 끝난 이후에 이 책을 읽게 될 수도 있지만, 나는 다음번 승자 역시 가까운 윗세대에 아프리카 조상을 둔 짙은 피부색의 선수일 것이라고 확신한다.

올림픽 남자 100미터 달리기 결승전은 지구상에서 가장 명망 있는 경기다. 그것은 4년마다, 합의된 최단 거리를, 가장 큰 무대에서, 수십억 명이 보는 가운데 가장 빠르게 달릴 수 있는 사람을 공식적으로 정하는 자리다. 현대에 스포츠의 인기가 대대적으로 높아진 것은 전 세계의 대중 매체를 통해 각양각색의 피부색과 신념을 가진 세계 각국의 사람들이 수많은 시합에서 경쟁하는 것을 볼 수 있다는 점 때문이기도 하다. 올림픽에는 본질적으로 '세계 통합'이라는 원칙이 있다. 올림픽기에서 서로 맞물려 있는 다섯 개의 상징적인 원은 다섯 대륙, 즉 유럽, 아시아, 아프리카, 오스트랄라시아Australasia(오스트레일리아, 뉴질랜드, 뉴기니 섬을 포함해 남태평양의 섬들 전체를 가리키는 지명—옮긴이) 그리고 북남미를 의미한다. 현대에 와서는 원의 색깔들이 딱히 무엇을 특정하지는 않지만, 1951년 이전까지는 유럽이 노골적으로 파란색, 오스트랄라시아가 녹색, 북남미가 빨간색, 아시아가 노란색, 아프리카가 검은색과 연결되었다.

현대의 운동 경기들에는 숭고한 원칙들이 있다. 올림픽의 모토는 '더 빠르게, 더 높게, 더 강하게'이고, 올림픽은 재능과 끈기, 건강한 경쟁과 노력을 보여주기 위한 자리, 단지 승리를 위한 것이 아닌 참석 자체에 의미가 있는 자리다. 시청자인 우리는 엄격한 규칙에 따라 이루어지는 강렬한 대결 속에서 선수들이 발휘하는 최고의 신체적 기량을 보면서 큰 즐거움을 얻는다.

그러나 이러한 영예로운 가치들 속에는 많은 불평등이 숨어있다. 스포츠에는 방대한 기회의 불평등, 따라서 결과의 불평등이 있다. 경기에서 우승하는 데 필요한 시설과 부를 모두가 누릴 수 있는 것은 아니다. 모든 아이들의 부모나 보호자가 자기 자녀가 경쟁에 필요한 만큼 훈련할 수 있도록 자기 시간을 충분히 희생할 수 있는 재력을 갖춘 것은 아니다. 특정 운동 경기에 모든 나라들이 똑같은 문화적 관심을 갖고 있는 것도 아니다. 그리고 기본 생물학의 관점으로 볼 때, 스포츠는 오로지 기술 습득과 눈물겨운 노력에만 의존하는 평평한 운동장이 결코 아니며, 타고난 신체적 조건에 굉장히 크게 좌우된다. 이것은 아주 기본적인 차원에서 명확하다. 가령, 키가 큰 사람은 농구에서 유리하고, 신장은 유전자에 의해 상당 부분, 어쩌면 불가항력적으로 결정된다. 각각의 체형은 각기 다른 경기에 적합하며, 심지어 동일한 운동 경기 내에서도 각기 다른 포지션에 적합하다. 럭비의 경우, 스크럼scrum(럭비에서 세 명 이상의 선수가 공을 에워싼 채 어깨를 맞대고 버티는 공격 태세—옮긴이)에서 프롭 포워드prop forward(스크럼에서 앞쪽 열에 위치하는 두 명의 선수—옮긴이)는 거구의 근육질일 때 유리한 반면, 전통적으로 윙에서 뛰는 선수인 윙어winger는 유연하고 빨라야 한다.

이런 것은 단연 유전자에 영향을 받는 특질들이라서, 특정 스포츠에서 특정 집단의 사람들이 우세를 보일 때 우리는 그런 유리함의 원인을 혈통에서 찾으려고 하기가 쉽다. 3부에서 나는 이런 고정관념이 따라다니는 육상 두 부문, 즉 단거리 달리기와 장거리 달리기에 대해 자세하게 살펴보려고 한다. 나는 주로 남자 육상 경기를 참고할 것인데, 그것은 남자 종목과 운동 생리학에 관해 데이터가 더 많기 때문이다. 자료들에 따르면, 남자 엘리트 달리기 선수들의 기록이 여자 엘리트 선수들의 기록보다 빠르다. 그러나 물론 이것만 가지고는 여기에서 도출되는 결론을 여성 부문에는 적용할 수 없다고 생각할 이유는 없다.

아프리카 후손들, 특히 서아프리카 혈통을 가진 사람들이 유전적으로 단거리 달리기에 유리한 생리학을 타고난다는 고정관념이 있는데, 현대 단거리 달리기에서 흑인 육상 선수들의 우세는 그런 고정관념을 부추겨왔다. 흑인 남자 선수들이 100미터 달리기에서 전적인 우세를 보이고 있는 것은 불과 지난 40년간의 이야기일 뿐이지만, 흑인 육상 선수들의 신체성의 기저에 깔린 인종차별주의적 정서는 그보다 훨씬 오래되었다. 1936년 올림픽에서 제임스 클리블랜드 오웬스James Cleveland Owens(앨라배마식 발음 때문에 '제시Jesse'로 더 잘 알려져 있다.)는 100미터 달리기, 200미터 달리기, 400미터 계주 및 멀리뛰기에서 금메달을 따면서 육상 경기사상 역대 최고의 성취를 거두었다. 더욱이 그가 이런 성과를 낸 곳은 베를린이었는데, 그렇잖아도 흑인들의 우세와 아리아Arya인의 열등성을 지켜봐야했던 아돌프 히틀러Adolf Hitler에게 이것은 상당히 심기 불편한 일이었다. 그 여파를 보여주는 강력한 사진이 한 장 남아있으니, 그 사진 속에서 제시 오웬스가 시상대에서 미국 국기에 경례를 하는 동안, 주위 수천 명의 사람들은 오른손을 뻗어 나치 거수경례를 하고 있다.

우리의 샤덴프로이데schadenfreude(남의 불행을 보며 느끼는 불편한 기쁨이라는 뜻의 독일어—옮긴이)는 오웬스의 코치 딘 크롬웰Dean Cromwell의 말에 금세 잦아든다. "검둥이들이 이 분야에서 탁월한 것은 그들이 백인보다 원시성에 가깝기 때문이다. 그들에게는 빨리 달리거나 점프할 수 있는 능력이 정글에서 생사를 가르는 문제였고, 그건 그리 오래 전일이 아니다."

스포츠에서 거둔 성취를 혈통 때문이라고 여기는 것은 흔한 일이지만, 그것은 불평등하게 적용되어왔다. 20세기 초에는 핀란드인들이 장거리 달리기에서 압도적으로 우세했는데, 대표적으로는 세 번의 올림픽에서 아홉 개의 금메달을 따고, 스물두 개의 세계 기록을 세운 파보 누르미Paavo Nurmi라는 초창기 육상 슈퍼스타가 있었다. 1930년대에 백인의 우월성을 주장한 독일 작가 잭 슈마허Jack Schumacher는 딘 크롬웰과 거의 똑같은 논거로 이른바 '날아다니는 핀란드인들'의 우세를 정당화했다. 그러한 능력이 그들에게 선천적으로 내재되어 있다고 주장한 것이다. 그는 이러한 능력을 그들의 자연에서 기원한 북유럽의 순수성이라며 낭만적으로 해석했다. "달리기는 분명 모든 핀란드인들의 피 속에 들어있다. … 누르미와 그의 동료들은 숲속의 동물들 같다. … 탄성을 자아내는 그들의 기록은 어머니 자연에 감사를 표하는 하나의 방식이다."

반면, 현대 흑인 육상 선수들의 우월성을 설명하려고 할 때는 노예제라는 야만적인 생리학이 적용된다. 이러한 논리는 힘과 체력이 노예 남자와 여자들에게 바람직한 특징이었을 것이라는 점에서부터 시작된다. 그러한 선천적인 특징을 지닌 개개인은 노예제에서 더 잘 살아남을 수 있었을 것이고, 더 좋은 값에 잘 거래되었을 것이다. 따라서 그들은 더 오래 살고, 자녀를 더 많이 낳았을 것이다. 그러므로 '부자연 선택'(unnatural selection, '자연선택'에 빗대 생겨난 개념으로, 자연이 아니라 인간의 행동에 의해 특정 유전자들이 선택되는 현상을 가리키는 용어—옮긴이)에 의해 이처럼 힘과 관련된 유전자들이 더욱 우세해졌을 것이라는 논리다. 1988년 1월, 지미 스나이더Jimmy Snyder라는 유명한 미국 텔레비전 축구 해설가는 이렇게 말했다.

"흑인은 애초부터 더 뛰어난 운동선수들이다. 왜냐하면 그들은 그런 식으로 교배되었기 때문이다. … 그들은 허벅지가 더 두껍기 때문에 더 높이 뛸 수 있고 더 빠르게 달릴 수 있다. 그들이 운동에 더 뛰어난 것은 교배 방식 때문인데, 이는 미국 남북전쟁 시절까지 거슬러 올라가는 이야기다. 당시에 노예 거래가 이루어질 때 노예 소유주는 덩치가 큰 흑인 아이를 가질 수 있도록 자신의 거구의 흑인 노예를 거구의 여성과 교배시켰을 것이다. 그것이 이 모든 것의 시작이었다!"

다음날 스나이더는 12년간 몸담았던 CBS에서 해고당했다.

현대의 뛰어난 단거리 달리기 주자(이자 개인적으로 내가 제일 좋아하는 육상 선수)인 마이클 존슨Michael Johnson은 2012년 런던 올림픽 준비 행사였던 텔레비전 다큐멘터리에서 비슷한 맥락으로 이렇게 말했다. 그는 유전자 검사를 통해 자신의 서아프리카 혈통을 알게 되었고 대서양을 오가며 이루어진 노예제의 잔혹성에 대해 알게 되었다면서 이렇게 언급했다.

"나는 평생 내 의지로 육상선수가 된 줄 알았다. 그러나 노예를 조상으로 둔 것이 세대를 통해 흔적을 남기지 않았다고 생각하기는 불가능하다. 듣기 힘든 말이지만, 노예제는 나 같은 후손들에게 이런 이득을 주었다. 나는 우리 안에 우월한 육상인 유전자가 있다고 믿는다."

이것은 꼼꼼하게 따져봐야 할 흥미로운 주장이다. 아프리카계 미국인에게는 아프리카인들과 비교해 유전적 차이가 정말 있는 것으로 보이기 때문이다. 그런 차이점들 중에는 고혈압과 전립선암, 방광암, 경화증의 위험을 높이는 유전자들이 더 많이 나타나고 있다는 것, 그리고 겸상적 혈구증을 유발하는 대립 유전자는 더 낮게 나타난다는 것도 포함된다. 질병에 관련된 유전자가 자연 선택에 의해 증가하는지에 대해서는 지금까지 연구된 바가 없지만, 아프리카계 미국인들과 서아프리카인들 사이에 나타나는 차이점들은 노예제 도입 이후 유럽인들과의 혼혈로 간단하게 설명될 수도 있다. 겸상적혈구증 대립 유전자가 낮은 것에 대해서는, 노예제 시대 흑인들이 살았던 미국에서는 말라리아가 대체적으로 풍토병이 아니라는 것이 개연성 있는 설명이 될 수 있다. 비록 이러한 차이점을 설명해주기에 이는 단기적인 것이기는 하지만 말이다.

혹은 그저 우연일 수도 있다. 그런 유전적 차이점들이 반드시 유전자 선택에 의한 것은 아닐 수도 있다. 그것은 단순히 아프리카계 미국인들의 이동 스토리가 아프리카인들의 그것과는 다르다는 뜻일 수도 있고, 그러한 유전자 빈도수의 변화는 그저 서로 다른 삶의 역사를 반영하는 것일 수도 있다. 특히 신체적 기량에서 인위적인(자연과 반대되는 의미에서) 선택을 통한 진화가 이루어졌다는 생각에는 문제점이 많다. 진화적 관점에서 이삼백 년은 그리 긴 시간이 아니며, 의도적 선택의 결과로 이러한 유전자들이 혼혈된 집단에 정착하기에는 결코 충분한 시간이 아니다. 실제로 2014년, 2만 9,141명의 살아있는 아프리카계 미국인의 DNA를 분석한 연구에 따르면, 그들의 조상들이 고향땅 아프리카에서 끌려온 이후로 어떤 특질이 선택되었다는 흔적은 그들의 게놈 전체에서 전혀 발견되지 않았다.

노예 소유주들이 교배 계획을 갖고 있기는 했지만, 그것은 일률적이거나 지속적이지 않았다. 나아가 미국에는 말콤XMalcolm X가 '들판 검둥이'와 '집 검둥이'라고 표현했듯이 여러 유형의 노예들이 있었는데, '집 검둥이'들에게는 신체적 힘이 반드시 특출한 장점은 아니었을 것이다. 더구나 노예제의 경제학은 한 종류의 노동력만 쓰이는 획일적인 산업이 아니었다. 담배 재배는 남부 농업의 상당 부분을 차지했다가, 결국 많은 지역에서 목화 농업으로 대체되었는데, 목화 농업은 훨씬 덜 노동 집약적이며 고도의 기술이 요구되는 산업이었다. 힘이 센 노동자들이 그렇게 필수불가결하지는 않았을 것이다. 나는 특별히 속도를 위한 교배 계획이 있었다는 이야기는 전혀 들어보지 못했다.

한번 추측해보자. 실제로 아프리카계 미국인 육상선수들이 아프리카인 선수들에 비해 뛰어난 것은 노예제 기간에 일어난 유전자 선택 과정으로 인한 생물학적 차이라고 가정해보는 것이다. 세대 시간의 문제라든지, 앞서 언급했듯 유전자 선택이 일어났다는 증거를 게놈에서 찾아볼 수 없다는 문제는 잠시 미뤄두자. 노예제도를 통해 선택된 유전자들이 힘과 체력과 관련되며, 나아가 그것 때문에 그들이 단거리 달리기에서 유리해졌다고 가정해보자. 비록 노예 교배 계획이 단거리 달리기를 목표로 한 것은 아니었겠지만 말이다. 그렇다면 왜 동유럽인들은 역도에서 우세를 보이며, 단거리 육상에서는 그렇지 않을까? 노예제로 인해 힘과 관련한 유전자가 선택되었다면 그것은 달리기보다는 역도 같은 스포츠에 더 완벽하게 적합하지 않을까? 왜 아프리카계 미국인들은 레슬링이 아니라 권투에서 우세를 보일까? 왜 마찬가지로 폭발적인 에너지와 힘이 필요한 스쿼시 같은 게임의 경우 인도나 파키스탄, 이집트, 영국 선수들이 장악하고 있으며, 아프리카인 후손들 중에서는 성공을 거둔 사람이 한 명도 없을까? 왜 아프리카계 미국인 단거리 사이클리스트는 없을까?

테니스는 힘과 폭발적 에너지가 필요한 스포츠지만, 이 특권층의 스포츠에서는 서아프리카인이나 아프리카인 후손들이 굉장히 드물다. 23개의 그랜드슬램 타이틀을(추가적으로 복식 부문에서는 16개) 가진 세레나 윌리엄스Serena Williams는 현대 테니스에서 단연 강세를 보이며 역대 최고의 테니스 선수로 자리매김했고, 사실 스포츠인으로서도 역대 최고에 속한다. 윌리엄스의 성공은 혈통의 결과일까? 아마도 그녀의 유전적 구성이 부분적으로 유리하게 작용했을 것이므로 좁은 의미에서 보면 그렇다고 할 수 있다. 그러나 우리가 해야 할 질문은 이것이다. 윌리엄스의 혈통이 그녀가 이룬 성취에 결정적인 특징일까?

흑인 여성이 진정으로 위대한 성과를 냈다는 것은 이전 시대보다 편견이 줄어들고 기회가 확대되었다는 사실을 보여준다. 우사인 볼트Usain Bolt가 역대 최고 기록을 가진 가장 빠른 달리기 선수인 것처럼 윌리엄스도 역대 최고의 테니스 선수이고, 그들은 이미 드물게 뛰어난 사람들로, 평범한 사람들을 대표하기에는 무리가 있다. 그들이 이토록 특별한 것이 유전자 때문일까?

단거리 달리기의 경우, 너무나 확실한데도 철저하게 무시당하는 사실이 있다. 아프리카계 미국인, 카리브인, 아프리키계 캐나다인 육상선수들이 40년 동안 단거리 육상을 지배해왔고, 이들은 모두 서아프리카에서 노예로 끌려온 사람들의 후손이다. 1980년 올림픽 경기에서 출발 신호탄이 발사된 이래, 오직 다섯 명의 백인 남자들만 올림픽 100미터 달리기 결승전에 참가했는데, 그 경기에서의 금메달과 동메달이 100미터 흑인 단거리 주자들이 가져가지 않은 유일한 메달들이다. 또한 같은 기간 내 결승전에 참가했던 아프리카 남자 선수들 역시 다섯 명이었다. 그중 두 개의 메달을 나미비아 출신의 프랭키 프레더릭스Frankie Fredericks가 땄는데, 나미비아는 서아프리카로 간주되는 나라가 아니다.(그보다는 서남아프리카에 더 가깝다.) 다섯 명의 아프리카인 선수들 중 오직 한 명만 10초가 안 되는 시간대를 기록했다. 이러한 계산에 따르면, 아프리카 남자 선수들의 성취도는 백인 남자들과 정확히 같다. 또한 대서양을 오가며 이루어진 노예무역으로 수백만 명의 서아프리카 여성과 남성들이 남미로도 수입된 바 있다. 그렇다면 혈통이 어떠하든 100미터 달리기 결승전에 참가했던 남미인들의 숫자는 얼마일까? 0이다.

요점은 이것이다. 올림픽에서 엘리트 단거리 주자는 통계학자가 만족할 만한 결론을 이끌어낼 수 있는 데이터 세트가 아니라는 것이다. 그것은 그저 극도로 널리 퍼진 스테레오타입의 근거가 되어줄 뿐이다. 흑인이 단거리 달리기에 운동 신경을 타고났다는 고정관념은 치명적 결점이 있는 왜곡된 샘플에서 나온 것이며, 서아프리카인 단거리 달리기 선수가 비교적 적다는 점 때문에 자체적으로도 성립하지 않는 주장이다. 만일 서아프리카 혈통을 가진 사람들이 단거리 육상에 유전적으로 유리하다면, 노예제도 역시 이유가 되지 못하는 상황에서 서아프리카인 단거리 주자들이 왜 이렇게도 드문가?

스포츠 유전자는 존재하는가

우리는 물론 진화적 변화라는 단순한 추측을 넘어, 신체 능력의 분자 생물학을 분석해볼 수도 있다. 스포츠에서의 성공에 관련된 진짜 유전학은 예상과 같이 복잡하다. 인간의 여느 행동과 마찬가지로, 신체성의 생리학에도 수많은 요소가 관련된다. 심장의 크기, 산소를 흡수하는 효율('최대산소섭취량'이라는 것), 운동이나 부상에서 근육이 회복하는 능력, 젖산 역치(젖산이 몸이 분해할 수 있는 것보다 더 빠르게 생성되어 젖산 수치가 급격하게 증가해 근육 경련이나 결림을 일으키는 임계점) 등이 그것이다. 이런 현상들은 모두 비교적 잘 연구되어 있으며, 탄탄한 유전적 근거를 가지고 있다. 또한 유전적 관점에서는 덜 알려진 유연성이나 신체 조정력 같은 신체적 특질들도 있다. 마지막으로 의지, 집중력, 끈기, 모험심 등 심리학적인 요소도 있는데, 이것도 여느 행동적 특질과 마찬가지로 유전적 근거를 가지고 있으나, 대단히 복잡하며 아직 자세하게 밝혀져 있지는 않다.(4부 참조)

이것은 풀기 어려운 전형적인 난제인 만큼, 우리가 제일 잘 아는 것부터 시작해보자. 힘과 스태미나는 각각 근육 수행능력 스펙트럼의 정반대편에 위치한다. 우리는 이것을 직관적으로 안다. 엘리트 장거리 달리기 선수들과 단거리 주자들의 벤다이어그램은 겹치지 않는다. 우리는 이것을 유전자적으로도 안다. 운동 신경에 관련된 유전자들을 식별하는 현대적 방법 중 하나로, 엘리트 운동선수들에게서 다른 사람들보다 더 자주 나타나는 유전자 변이들이 있는지 찾아보는 방법이 있다. 그러한 차이가 확인된다면 우리는 그 유전자들이 실제로 어떤 일을 하는지는 모른다 하더라도 그것들이 운동 능력을 신장시킨다는 것을 추론할 수 있다. 이것은 유전학에서 유용하게 쓰이는 상당히 표준적인 기법이다. 지금까지 수백 건의 연구를 통해 엘리트 운동선수들의 83개 유전자에서 150개 이상 별도의 유전적 차이들이 식별되었고, 그중 5분의 3가량이 지구력과 관련되며 나머지가 힘이나 체력과 연관되는 것으로 보인다.

검사를 받은 체력 중심 스포츠 부문의 일부 엘리트 운동선수들의 경우(럭비, 카약, 레슬링) 유전자 변이들이 유의미한 임계점에 도달할 정도로 발견되지는 않았다는 점은 눈여겨볼 만하다. 즉, 그런 변이들이 일반 대중보다 운동선수들에게서 더 흔하게 발견되지는 않는다는 뜻이다. 그렇다고 스포츠 부문의 성취에서 유전자가 유리한 역할을 할 수 있다는 사실이 약화되는 것은 아니지만, 이것은 비非유전적 요소들의 중요성을 부각시켜준다.

그래서 우리가 해야 할 질문은 이것이다. 지금까지 여러 유전적 변이들이 엘리트 운동선수들과 연관되는 것으로 밝혀졌는데, 그것들은 특정 집단이나 민족, 혹은 인종에만 국한되는 것일까?

답은 '그렇다'이다. '아니다'이기도 하며, 또한 '아마도'이기도 하다. 우리는 그 150가지 유전자 변이들이 어떤 영향을 주는지 알지 못하며, 그것이 전 세계에 어떻게 분포되어 있는지에 대해서도 부분적인 정보만 가지고 있다. 여기서 나는 특별히 심도 있게 연구된 두 분야에 초점을 맞춰보려고 하는데, 중요해 보이면서도 숱한 싸구려 과학의 주제가 되는 것들이다.

근육은 수많은 관형 세포로 만들어진 긴 섬유로 이루어져 있다. 이두 박근에 힘을 주면 이 모든 세포들이 행동에 돌입하며 일제히 수축해 기다란 근육이 조여지고, 그렇게 팔이 안으로 굽는다. 골격근 세포에는 두 가지 유형이 있는데, 바로 지근遲筋과 속근速筋이다. 지근 세포들은 산소를 처리해 에너지를 생성하는 데 속근보다 뛰어나며, 속근은 에너지를 더 빨리 생성하는 데 뛰어나다. 즉, 속근 세포들은 단시간에 폭발적인 에너지를 만들어내는 데 더욱 탁월하다. 폭발적 에너지가 필요한 스포츠에 뛰어난 사람들은 대체로 속근 세포의 비율이 더 높다.

이러한 구분의 기저에 있는 유전학이 자세하게 밝혀진 것은 아니지만, 그래도 '알파-액티닌-3(ACTN3)'이라는 유전자가 포함된다는 것은 분명하다. 그리고 이것은 다른 유전자들과 마찬가지로 각각 미묘하게 다른 다수의 대립 유전자를 갖고 있다. 두 개의 대립 유전자가 속근과 지근의 차이에 연관되는데, 그 차이점을 R577X라고 한다.[17] 많은 연구들이 입증한 바에 따르면, 힘과 체력을 요하는 스포츠 분야의 엘리트 운동선수들은 속근 세포를 더 적게 형성하는 X 유형 사본을 두 개 갖고 있기보다는, 한 개나 두 개의 R 유형 사본을 갖고 있을 가능성이 더 크다.

우리가 현대 유전학에서 예외 없이 발견하듯이, 유전자들은 다양한

---

[17] 유전자가 단백질을 구성하는 아미노산 여러 개를 암호화하여 담고 있으며, 거의 모든 유전자에는 사본이 두 개씩 있다는 사실을 기억해보자. R577X 변이란 단백질 내의 577번 자리의 유전자 변화 하나가 그 자리에 위치한 아미노산을 아르기닌(R) 상태에서 정지(STOP)코돈(X)으로 변환시키며, 그로써 근섬유 내 ACTN3 단백질이 더 짧아지는 결과를 낳는다는 뜻이다.

영향을 주기에 어떤 단일 속성이 특정 유전자 때문이라고 하기는 어렵다. ACTN3은 대중 언론에서도, 학술 논문에서도 '속도 유전자'로 자주 언급된다. 여러 연구들은 또한 R 대립 유전자는 근력 훈련에 대한 반응이나, 강도 높은 운동 후 근육 손상의 감소, 부상 위험의 감소에도 관여하지만, 낮은 유연성과도 관련될 수 있음을 보여준다. 이 유전자에 대한 스포츠 과학자들이나 유전학자들의 관심이 지대함에도 불구하고, 운동 수행 능력과 이 유전자의 관계가 아직 제대로 밝혀지지 않았다는 점은 주목할 만하다. 그러나 우리는 일부 통계적 데이터에 근거해, XX 유전자형을 가진 사람들의 분포가 세계적으로 고르지 않다는 것을 알고 있다. 아시아인 중 4분의 1이 XX 유전자형을 가지고 있으며, 백인 미국인들 중에서는 5분의 1이, 에티오피아인 중에는 10명 중 한 명 꼴로, 아프리카계 미국인들 중에서는 25명 중 한 명 꼴로, 그리고 케냐인 중에서는 100명 중 한 명 꼴로 XX 유전자형을 가지고 있다.

그리고 R 대립 유전자(사본 한 개, 혹은 사본 두 개 모두)는 80퍼센트 대비 96퍼센트로, 백인 미국인에 비해 아프리카계 미국인들에게서 단연 더 높게 나타난다. 수치는 자메이카 사람들의 경우에도 거의 같다. 그러나 이것은 올림픽 단거리 육상에서 아프리카계 미국인/자메이카인 주자들과 백인 경쟁자들 간에 나타나는 차이를 설명해주지 못한다. 만일 그 한 가지 유전자 때문이라면, 엘리트 단거리 달리기 주자로 백인 선수가 다섯 명 나올 때마다 흑인 주자가 여섯 명씩 나와야 할 것이다.

폭발적 에너지와 속도가 중요한 또 다른 스포츠인 농구를 예로 들어보자. 미국프로농구(NBA)에서 흑인 선수와 백인 선수의 비율은 1990년대 이후로 일관되게 3:1 정도였는데, 여기서도 역시 만일 R 대립 유전자를 유일한 기준으로 삼는다면 흑인이 과도하게 많은 셈이다. 농구에서는 대표적으로 키를 비롯해 유전적으로 영향을 미치는 여러 요소들이 명백히 중요하기 때문에 이것은 극도로 단순화된 주장이다. 다른 스포츠의 경우, 바람직한 신체 형태는 더욱더 다양하다. 일급 미식축구 팀에서 흑인 선수들의 비율은 약 70퍼센트지만, 럭비와 마찬가지로 미식축구에도 다양한 기술과 신체적 속성을 요하는 매우 특화된 포지션들이 있다. 오펜시브 라인맨offensive lineman(공격 시 최전방에 서서 상대편으로부터 자기 팀 선수들을 보호하는 포지션—옮긴이)들은 육중하고 힘이 센 편이며, 러너runner들은 단거리 주자의 체격을 가진 경우가 많고, 대부분 흑인이다. 그래도 라인맨들의 경우 흑인과 백인이 비교적 균등하게 분포되어 있다. 그러나 라인맨 내 센터 포지션의 경우는 백인들이 흑인들보다 4:1로 많다. 그것은 왜일까? 우리가 알 길은 없지만, 그것이 유전학과는 아무런 관계가 없는 것으로 보인다. 전력질주와 강력한 투구投球 능력, 타격(hitting) 능력을 요하는 스포츠인 미국 메이저리그 야구에서 아프리카계 미국인은 전체 선수들의 10퍼센트도 채 되지 않는다.

만일 생물학적 인종을 주요 원리로 삼는다면 이러한 수치들은 그다지 들어맞지 않으며, 민족과 관련해 나타나는 패턴들 역시 각 스포츠들 간에, 또한 단일 스포츠 내에서도 너무 일관성이 없다. 또한 R 대립 유전자가 각 집단들에 고르게 분포되어 있지 않기도 하지만, 이것은 각각의 스포츠에서 엘리트 선수들의 구성과도 부합하지 않는다.

케냐인들과 에티오피아인들은 올림픽이나 세계 선수권 대회, 세계 크로스컨트리 선수권 대회의 중거리 및 장거리 달리기 부문에서 우승의 약 5분의 2를 차지한다. 2010년 이래 남녀 부문을 통틀어 런던 마라톤 대회의 '모든' 승자들이 케냐인이거나 에티오피아인이었다. 장거리 달리기에서 이 두 나라의 우세는 거의 절대적이다. 어떻게 이럴 수 있을까?

서아프리카인 혈통이 단거리 달리기에서 성공을 거두는 근본적 원인이라는 가정과 마찬가지로, 동아프리카인 혈통이 장거리 달리기에서의 특출한 성취에 필수불가결하다는 오랜 믿음이 있다. 이러한 엘리트 선수들의 지리적 특수성 때문에, 동아프리카인들이 장거리 달리기에서 성공을 거두는 데는 진화론적 근거가 있다는 추측이 따라붙는다. 노예제를 통해 힘과 체력에 필요한 유전자의 변화가 일어났다는 잘못된 가정과는 달리, 장거리 달리기의 경우에는 다양한 아이디어들이 제시되었으며, 그중에는 동아프리카 고원지대의 목축민이었던 조상들이 가축 떼를 몰면서 이런 능력이 진화했다는 의견도 있다.

체형은 장거리 달리기에서 성공 요소 중의 하나다. 가볍고 마른 몸이 열을 발산하는 데 더 좋은데, 동아프리카에 많은 이런 체격은 그 지역의 더운 기후에 적응한 결과일 가능성이 높다.(추위 속에서 열을 유지하기 위해 키가 작고 통통한 경향이 있는 티베트인이나 이누이트족의 체형과는 반대다.) 지구력 생리학의 기저에 깔린 유전학은 일관성이 적은 ACTN3의 경우와 비슷하지만 다르다. 지구력 스포츠와 관련해 가장 깊이 연구된 유전자는 '앤지오텐신전환효소(Angiotensin-converting enzyme)' 혹은 ACE라는 단백질을 암호화한다. 그것은 폐, 신장, 고환 및 다른 세포 조직들의 세포 표면에 자리하며, 세포로 흘러들어오고 나가는 수분의 양을 통제함으로써 혈압을 조절하는 체내 시스템에 관여한다. ACE 유전자는 두 개의 주요 대립 유전자로 나뉘는데, 그중 하나는 DNA 일부가 빠져있는 형태다.(이것을 D형이라고 하며, 더 긴 것은 I형이라고 한다.) 두 가지 모두 기능 상으로는 양호하지만, D형은 혈압을 더 빨리 올라가게 만든다. I형을 가지고 있는 사람은 산소섭취량이 더 높고 최고심박수도 더 높다. 366가지 연구의 메타분석(통계적 타당성을 높이기 위해 복수의 연구를 종합한 연구)에 따르면, ACE ID형이나 DD형에 비해, ACE I형 대립 유전자가 두 개 있는 경우가 지구력 운동 분야의 선수들에게서 더 높게 나타났다.

예상대로, ACE II 변이는 케냐와 에티오피아 출신 엘리트 운동선수들에게서 더 높게 나타난다. 이것은 놀라운 것이 아니다. 왜냐하면 에티오피아와 케냐의 엘리트 달리기 선수들의 ACE유전자를 동일한 국가의 비非 운동선수들과 비교했을 때, 아무런 차이점이 발견되지 않았기 때문이다. 즉, 동아프리카의 경우 이것은 운동 능력과 무관하게 그 나라의 유전적 특성이라는 뜻이다.

그러나 더 깊이 들여다보면 이것은 그리 유의미한 질문이 아닐지도 모르겠다. 왜냐하면 장거리 달리기 엘리트 선수들의 출신 집단은 훨씬 더 제한적이기 때문이다. 사실, 이 두 국가에서 성공을 거둔 선수들의 통계는 놀랍도록 정확하다. 에티오피아인들의 경우, 세계적 육상선수들의 대다수가 아르시Arsi 지구와 슈와Shewa 지구 출신이다. 케냐의 경우는 대다수가 칼렌진Kalenjin 어족 및 민족 출신으로, 성씨가 '킵Kip-'으로 시작한다는 특징이 있다. 가령 뛰어난 달리기 선수인 모세스 킵타누이Moses Kiptanui, 헬라 킵로프Helah Kiprop, 윌슨 킵상 킵로티치

Wilson Kipsang Kiprotich, 2019년 10월에 마라톤을 최초로 두 시간 이내에 완주한 엘리우드 킵초게Eliud Kipchoge 등이 그 예다. 칼렌진족 내에서도 훨씬 더 구체적으로는, 하위부족인 난디Nandi족이 압도적으로 좋은 성적을 거두고 있다. 난디와 아르시는 동아프리카 대지구대의 산간지대로, 해발고도 2,000미터가 넘는다.

고산지대에서 활발하게 활동할 수 있는 신체는 스포츠에서도 유리하다. 고산지대에는 산소가 적으며, 그곳에 적응할 수 있다면 평균 해수면에서 경쟁할 때 유리하다. 평균 해수면 고도에서는 산소 수치가 더 높아서 근육 속의 에너지를 더 효율적으로 끌어올릴 수 있을 것이기 때문이다. 따라서 고도가 높은 곳에서 지내고 훈련한다는 것은 육상에서 성공을 거두기에 유리하다. 적은 산소로 운동하는 것에 적응되어 있는 육상선수들은 해수면 높이에서 더 추동력을 얻을 테니 말이다. 혈통에 대해 답하자면, 어떤 집단이 오랫동안 고산지대에 살아왔다는 것이 육상에서의 성공에 필요조건일 수는 있겠지만, 그것 하나만으로 육상에서의 성공이 다 설명되지는 않는다. 만일 그렇다면 우리는 멕시코인, 안데스 산지 사람들, 티베트인들 중에서 뛰어난 달리기 주자들이 나오리라고 기대해야 할 것이다. 남미와 중앙아시아, 멕시코의 상당 부분이 마찬가지로 해발 2,000미터 이상의 고산 지대다.

그러나 그들에게는 달리기 문화가 없다. 그리고 그것이 결정적인 차이점이다. 케냐와 에티오피아에서는 달리기가 산업이다. 성공한 코치들이 성공을 거둔 대표적인 달리기 선수들에 힘입어, 성공의 문화를 바탕으로 집중 캠프들을 세워놓았다. 인구 1만 6,000 명의 에티오피아 산간

마을인 베코지Bekoji는 올림픽 메달 열 개와 세계 기록 열다섯 개를 보유하고 있다. 영국에서 이와 비슷한 상황을 꼽자면, 지난 15년간 육상에서의 올림픽 금메달이 모두 랭커셔Lancashire 람스바텀Ramsbottom이라는 시장 마을에서 나왔다는 사실일 것이다.[18] 케냐의 경우 이텐Iten이라는 마을이 비슷해서, 그곳에서는 다음 세계 기록 보유자가 되겠다는 포부를 품은 육상선수들이 대거 모여 집약적이고 전문적이며 고도로 특화된 훈련을 하고 있다. 일각에서는 이런 전통이 발생한 기원을 되짚어 올라가보면 식민주의가 일정 부분 있다고 주장하기도 한다. 선교사들과 군대의 영향이 운동을 고취시킨 면이 있으리라는 것이다. 그런 주장에도 어느 정도 근거가 있을 수 있지만, 그보다는 킵초게 케이노 Kipchoge Keino(1968년 멕시코 올림픽, 남자육상 1500미터 금메달)나 헤일리 게브르셀라시에Haile Gebrselassie(1996년 애틀랜타 올림픽, 남자육상 1만 미터 금메달) 같은 유명한 달리기 선수들이 나고 자란 고향땅의 달리기 문화가 훨씬 지대한 영향을 미쳤을 것이다.

모든 스포츠에서 그러하듯 열심히 훈련해 달리기 문화의 일부가 되려는 동기 중에는 달콤한 성공을 맛보기 위한 것도 있다. 승자들은 큰돈을 손에 쥐며, 유명인사가 된다. 국제적인 신인 발굴자들은 신예 슈퍼스타를 찾기 위해 트레이닝캠프에 자주 나타난다. 케냐와 에티오피아 달

---

18 영국 스포츠에도 그만큼 화려하지는 않지만 굉장히 비슷한 경우가 있다. 영국이 낳은 최고의 탁구 선수들은 레딩Reading시의 같은 동네 출신이다. 레딩 사람들에게 특별한 게 있는 걸까? 그렇지는 않을 것이다. 다만 아주 훌륭한 탁구장이 하나 있기는 했다.

리기 선수들의 우세를 설명하기 위해 이루어진 2012년의 어느 연구는 ACE II 대립 유전자, 체형, 신진대사 효율성, 집중 훈련에 더해, '경제적·사회적 출세를 위해 육상계에서 성공하겠다.'는 강력하고 뚜렷한 '심리적 동기'도 요인이 된다는 결론을 내렸다.

동아프리카인들의 유전학이 유의미하기는 하지만, 그것은 국내에서도 국제적으로도 특이한 현상은 아니다. 런던 사람 1,366명을 대상으로 한 연구에 따르면, ACE I형 대립 유전자와 D형 대립 유전자의 빈도수는 유럽인 및 아프리카인 후손들의 경우 동일했지만, I형 대립 유전자 두 개를 가진 경우는 남아시아인들의 비율이 현저히 높았다.

ACTN3이 속도 유전자가 아니듯이, ACE도 지구력 유전자는 아니다. 생화학을 이렇게 단순화하는 것은 체내에서 그런 유전자들이 하는 복잡한 역할을 간과하는 것일 뿐 아니라, 우리가 그러한 기능들에 대해 얼마나 알고 있는지, 혹은 모르고 있는지를 간과하는 것이기도 하다. '필요하기는 하지만 충분조건은 아니다.'라는 말은 유전학자들이 즐겨 사용하는 문구다. 엘리트 선수들의 육상 능력에 부분적으로 원인이 되는 ACE와 ACTN3 유전자의 변이가 아프리카인들, 혹은 최근의 아프리카인 후손들에게만 고유하다고 가정할 이유는 없다.

속근 세포가 단거리 달리기 선수들 사이에서 더 많이 나타나는가? 그렇다. 서아프리카인들 내에서 더 많이 나타나는가? 아마도 그럴 것이다. 아프리카계 미국인들에게서 더 많이 나타나는가? 약간 그럴 것이다. 아프리카인들에게만 고유한가? 아니다. ACTN3의 RR 대립 유전자 때문에, 혹은 ACE의 II 대립 유전자 때문에 더 빨리 뛸 수 있는 것일까? 엘리트 육상선수들의 경우, 그것은 필요하기는 하나, 육상에서의 성공에 충분조건은 아닌 것으로 보인다. 지역에 따라 성공을 거두는 정도가 다른 이유는 문화다. 20세기 초, 핀란드인들은 장거리 달리기에서 압도적으로 우세를 보였지만 달리기 문화가 사라지면서 그런 추세도 끝났다. 현재 장거리 달리기에서 케냐인들과 에티오피아인들이 우세를 보이는 것, 그리고 미국인들 중 노예였던 이들의 후손들이 단거리 달리기에서 우세를 보이는 것은 그들에게 압도적 강세라는 문화와 아이콘들이 있기 때문이다.

스포츠의 인종주의화

이 두 가지 유전자에 대한 연구는 특별히 활성화되어 있는데, 이것은 특히 스포츠가 큰 비즈니스고, 스포츠에서의 성공 요인을 이해하려는 관심이 크기 때문이다. 상업적인 유전자 혈통 검사 키트가 상용화됨에 따라, 많은 회사들이 소비자가 직접 시행하는(DTC) ACE 유전자 및 ACTN3 유전자 검사 제품을 출시하고 있는데, 아마도 이는 젊은 운동선수들에게 특정 종목으로 방향을 잡아주기 위한 것으로 보인다. 그러나 현재 우리의 유전학 지식이 어느 정도로 흐릿한가 하면, 국제스포츠 의학연맹(International Federation of Sports Medicine)이 이러한 검사를 제공하는 39개 회사를 선별한 뒤 2015년에 다음과 같이 혹평을 발표했을 정도다.

"스포츠 및 운동 유전학 연구자들 사이에 일반적으로 합의된 바가 있다. 바로 유전자 검사는 재능 식별에, 혹은 수행 능력을 극대화하기 위한 개인적 훈련법 처방에 아무런 역할을 하지 않는다는 것이다. … 현재 지식의 수준에서는, 어떤 아동이나 청소년 운동선수도 훈련법을 정하기 위해, 혹은 개인의 운동 재능을 판단하기 위해 소비자 직접 시행 유전자 검사를 받아서는 안된다."

이것은 혈통을 떠나 모든 사람들에게 적용된다. 민족과 스포츠에서의 성공에 관해 유전학에 근거한 확률적 처방을 내릴 수는 있겠지만, 그것은 가장 좋게 말해봤자 빈약한 수준이다. 언제나 그렇듯, 인류 유전학은 인간 역사의 일부분이므로 인간의 역사만큼이나 복잡하다.

2만 개의 유전자 중에서 이렇게 두 개에만 집착하는 것이 진짜로 위험한 이유는, 그것이 바로 우리를 '스포츠의 인종주의화'라는 본질주의적 관점으로 이끈다는 것이다. 많은 연구들이 아프리카계 미국인과 아프리카인 육상선수들에게서 나타나는 ACTN3과 ACE 변이들이 그들에게만 고유한 것이 아님을 입증했으며, 2014년의 한 연구는 "이것은 이와 같은 육상선수들의 성취를 온전하게 설명하지 못한다. 아프리카에서 세상의 다른 부분에서는 발견되지 않는 독특한 유전자형이 생산되는 것으로 보이지는 않는다."라고 결론 내렸다. 여러 유전자상의 요소들이 있다 하더라도, 우리는 적절한 유전자들이 특정 스포츠에서 특정 선수 그룹이 우세를 보이는 점을 설명하는 데 필요할 수는 있지만, 결코 충분 조건은 아니라는 결론으로 돌아올 수밖에 없다.

스포츠는 복잡한 사회적·생물학적 현상으로, 모든 인간 활동이 그러하듯 자연과 양육으로부터 큰 영향을 받으며, 거기에는 유전자를 비롯해 많은 것들이 포함된다. 생물학적 민족성이 다른 요소들보다 더 중요하다고 생각하는 것은 사실상 일상적인 인종차별주의에 해당한다. 더욱이, 어떤 성공 비법을 알아내기 위해 한 사람 인생의 모든 요소들을 모조리 분석한다는 것은 불가능하기 때문에 더욱 그렇다. 과학에서는 어떤 현상을 이해하기 위해 '오컴의 면도날(Occam's Razor)' 혹은 '과학적 절약'이라는 원리를 추구하는데, 그것은 최소의 가정이 필요한 가설이 최고의 가설이라는 개념이다. 전통적인 인종 범주가 스포츠에서 거두는 성취의 원인이라는 주장은 얼핏 보면 더 간단해 보이지만, 사실은 다음과 같은 입장이 훨씬 더 적은 설명을 요한다. '스포츠에서 거두는 성취에는 일부 유전적 유리함이 작용하고, 그중 일부는 성공을 거둘 가능성을 더 높여주는 신체적 특질로 발현될 것이다. 그러한 유전적 유리함을 정확하게 설명하기는 불가능하며, 그중 어느 것도 통상적인 인종 개념에 따라 나뉘지 않는다.'

스테레오타입과 속설들은 마치 개인적 관찰에 근거를 두는 척하면서, 일종의 본질주의로 되돌아가는 경향이 있다. 즉, 차이들을 결정하는 단일한 특징이 있다는 것이다. 그러나 사회학적 관점에서 볼 때 이러한 종류의 대중적 분석은 어쩌면 우리가 의식하지 못하는 깊은 편견들과 계속되는 구조적 인종차별주의를 불러일으키는 경향이 있다. 사회학자 매튜 휴이Matthew Hughey와 데본 고스Devon Goss는 지난 11년간 언론에 실린 스포츠 관련 보도 수백 편을 분석했다. 그들은 인종이라는 생물학적 근거가 스포츠에서의 성취를 설명할 때 자주 거론되었음을 발견했다. 흑인 운동선수와 백인 운동선수가 큰 성과를 거두었을 때, 흑인 선수들의 경우에는 전형적으로 선천적 신체 능력으로 설명되었고, 백인 선수들의 경우에는 지적인 기량이나 성실함이 성공의 원인으로 가장 자주 언급되었다. 운동에서의 성공을 분석하는 데 개별 유전자를 고집하는 것은 곧 노력이 아닌 타고난 생물학이 성공 요인이라고 말하는 것이다. 우리의 문화적 편견은 '흑인은 힘, 백인은 뇌'라고 분명하게 말하고 있다.

　신체 능력과 인종 사이의 연관성은 스포츠를 넘어 성性으로까지 확대된다. 최근 세대에 아프리카인 조상을 둔 사람들은 다른 집단의 남자들보다 음경이 더 크고, 동아시아인 후손들의 경우는 음경이 가장 작다는 믿음이 널리 퍼져 있다. 가장 최근(2014년)이자 최대 규모의 메타분석에 따르면, 1만 5,000명 이상의 남자들을 대상으로 연구한 결과, 음경의 길이나 둘레가 특정 집단이나 인종 범주, 혹은 민족과 관련 있다는 지표는 발견되지 않았다. 특히 아프리카 혈통을 가진 사람들을 겨냥한 집요한 인종차별주의는 그들의 신체, 즉 신체성과 힘, 섹슈얼리티에 집중되어 있는데, 이것은 걸작 호러 영화 〈겟 아웃Get Out〉(2017년 작. 흑인 남자가 백인 여자친구의 집에 초대받으면서 벌어지는 이야기를 다룬 스릴러 영화—옮긴이)의 주제이기도 하다. 그들이 거둔 성공은 지성이나 남다른 노력으로 설명되는 경우가 거의 없다. 다시 말하지만, 이것은 인종이라는 유사과학을 만들어낸 계몽주의 사상가들의 정서를 한눈에 보여주는 것이다. 인종으로 설명되는 긍정적인 속성들조차 열등한 진화의 증거라고 해석하는 관점 말이다.

또한 흑인들이 특정 트랙 경기나 필드 경기에서 뛰어난 것은 그런 종목에 전문적인 장비가 거의 필요하지 않기 때문이라는 믿음도 만연하다. 아프리카인 장거리 달리기 선수들은 학교까지 뛰어가면서 훈련을 한다거나, 신발을 신지 않고 달리기 때문에 좋은 기술을 습득했다는 등의 무시하는 듯한 속설이 그것이다. 일류 달리기 선수나 축구 선수가 되려면 그저 뛰기만 하면, 혹은 공을 차기만 하면 된다는 식이다. 이것은 또 다른 종류의 은근한 인종차별주의로, 역시 사실에 근거한 것이 아니다. 큰 성공을 거둔 케냐 달리기 선수들은 학교까지 뛰어간다는 게 사실이냐는 질문을 실제로 받았을 때 대부분 아니라고, 다른 아이들처럼 걸어서 학교에 가거나 버스를 타고 간다고 대답했다. 우리가 올림픽이나 FIFA 월드컵에서 보는 엘리트 운동선수들은 그 정도 경지에 오르기 위해 수년간 세계에서 가장 심화된 고급 단계의 훈련 프로그램을 거치면서 신중하게 선발된 이들이다. 그렇지 않다고 말하는 것은 그들이 어떤 식으로든 '자연에 더 가까운' 사람들이라는 어처구니없는 말의 재탕에 불과하다.

스포츠에서의 장점을 이렇게 인종차별적으로 평가하려고 하는 시도들에서 가장 두드러지는 것은 그것들이 얼마나 일관성 없는가 하는 점이다. 단거리 달리기에서 성공을 거두는 원인이라고 여겨지는 유전학적 유리함, 따라서 생리학적 유리함은 단거리 수영에는 전혀 영향을 주지 않는 것으로 보인다. 올림픽 수영에서 100미터 단거리 달리기에 해당하는 것은 50미터 자유영이다. 1980년에 백인 남자 선수들이 마지막으로 올림픽 100미터 달리기 결승전에 출전했던 것처럼, 그 이후로 50미터 수영 자유영 결승전에 진출한 흑인 남자 선수는 한 명에 불과하다. 그것은 2016년 미국에 동메달을 안겨준 컬런 존스Cullen Jones였다. 어떤 이들은 흑인들이 수영계에 없는 이유를 정당화하려고 흑인들이 골밀도가 더 높기 때문에 물에 잘 뜨지 않는다고 주장한다. 이것은 아무런 증거도 없거니와, 당연히 터무니없는 소리지만, 심지어 흑인 친구들조차 나에게 지속적으로 하는 이야기이기도 하다. 1988년에 지미 스나이더가 단거리 달리기 선수들의 성취를 생물학적 본질주의로 설명한 것처럼, 그보다 한 해 전에, 전직 야구선수였던 또 다른 스포츠 해설가 알 캠패니스Al Campanis는 미국의 유명 TV 프로그램인 〈나이트라인Nightline〉에서 흑인들이 수영계에 별로 없는 것이 "그들에게 부력이 없기 때문"이라고 주장했다. 스나이더처럼 캠패니스 역시 그 다음날 해고되었다.

말하기도 참 우습지만, 수영 능력에서 결정적인 요소는 수영을 배우는 것이지, 상상 속의 생물학적 요소로 소설을 쓰는 것이 아니다. 미국 공식 수영협회인 '전미 수영(Swim USA)'에 따르면, 미국 내 흑인의 70퍼센트가 수영을 하지 못한다. 2008년 조사는 이 통계와 관련된 가장 중요한 요소를 다음과 같이 꼽았다. 부모와 친구들이 수영을 하지 못하는 것, 경제적인 이유(수영 강습은 대체로 과외 활동이며, 따라서 추가 비용이 든다.), 수영장에 대한 접근성, 그리고 아프리카계 미국인 수영 역할 모델의 부재가 바로 그것이다.

이러한 경향들을 미국의 인종차별주의적 역사와 분리하기는 불가능하다. 1964년에 공식적인 인종차별이 끝난 이후에도 수영장은 주로 백인 지역에 지어졌고, 아프리카계 미국인들의 수영장 접근은 계속 제한되었다. 생물학적 신체성의 관점에서만 보면 아프리카계 미국인들이 우위를 점한 종목과 전혀 다르지 않은 이 부문에서 그들의 대표성이 거의 전적으로 부재한 것은 바로 사회적이며 문화적인 환경 때문이다.

이러한 구조적·문화적 인종차별주의가 실제 세계에서 나타나는 결과는 익사율로, 5세에서 14세 사이의 아프리카계 미국인 아동들의 익사율이 백인 아이들의 경우보다 세 배 더 높다. 인종차별주의는 말 그대로 생명에 위협적이다.

스포츠는 전 세계 사람들의 신체적·심리적 탁월성을 측정하는 방법 중 하나다. 국적 때문에 엘리트 운동선수들은 국가를 대표하며, 그렇게 우리를 대표한다. 우리는 그 경기장에서 온갖 종류의 싸움과 스테레오타입, 편견들을 펼쳐 보일 수 있다. 어느 종목이 되었든 최정상에서 거둔 성공의 기저에 있는 과학을 파헤치는 일은 불가해할 정도로 복잡하다. 특히 그것은 이미 완료된 과정을 다시 들춰보려는 것과 같기 때문이기도 하고, 또한 엘리트 스포츠인들이 비록 우리를 대표한다고는 해도 그들은 대부분의 사람들과 그리 비슷하지 않기 때문이기도 하다. 그들은 어찌 됐든 대부분의 사람들이 못하는 것을 하는 사람들이다. 나아가 우리의 신체적 특질들의 유전학 역시 대단히 복잡하다. 거기에는 개인적 차이와 집단적 차이, 지역적 적응, 인간 역사의 기이함이 모두 반영된다.

그럼에도 우리는 모든 희망과 꿈, 그리고 선입견을 우리의 엘리트 선수들에게 쏟아 부으며, 그중에는 우리가 오롯이 인식하지 못하는 뿌리 깊은 문화적 편견도 포함된다. 인종차별적인지 여부를 떠나 그 어떤 주장이 되었든 스포츠를 이용해 정당화하는 것이 가능해 보일 정도다. 지극히 제한된 데이터밖에 갖추지 못한 그러한 의견들은 상당히 빈약하다. 스포츠는 오락 활동이기도 하지만, 극한으로 발휘된 인간 능력을 축하하는 행위이기도 하다. 그것을 단순히 거저 물려받은 생물학으로 폄하하는 것은 의식적인 것이든 아니든 인종차별주의다. 뛰어남을 향한 엘리트 운동선수들의 노력에 대해 최소한 '운 좋게 잘 타고난 혈통'보다는 더 합당한 찬사를 보내야 한다.

4부

백색 물질

인종과 지능

몇 가지 사실이 있다. 당신의 두개골 안에는 1.2킬로그램에서 1.4킬로그램 사이의 묵직한 세포조직이 들어있다. 즉, 당신은 커다란 뇌를 가지고 있다는 뜻이다. 뇌 크기는 몸 크기에 비례하므로 우리의 뇌가 동물 중에서 가장 큰 것은 아니며, 흰긴수염고래의 뇌에 비하면 조그만 땅콩알에 불과하다. 우리의 뇌는 우리의 몸에 비해서는 크지만, 비율로 따지자면 개미와 땃쥐의 경우가 훨씬 크다. 우리의 뇌에는 고등 기능 대부분을 담당하는 피질 안에 특화된 세포들이 빽빽하게 들어있는데, 까마귀 역시 비슷하게 빽빽한 뉴런을 가지고 있다. 그러나 인간은 특별하며, 우주에 대한 우리의 의식과 생각, 상상, 경험 등 모든 것은 우리의 두 귀 사이에 있는 바로 그 젤리 같은 물질 덩어리 안에서 발생한다. 하지만 우리 뇌에 관한 기초 생물학은 근본적으로 다른 동물들과 다르지 않다. 뇌는 우리 몸의 일부이며, 우리 몸은 자연 선택이라는 원칙에 따라 진화했다. 인간의 신체 일부분은 조상들이 살았던 다양한 환경에 맞게 적응해왔다는 것을 우리는 잘 알고 있다. 색소침착, 식이, 질병에 대한 노출도, 해발고도 등 많은 것들이 우리가 살아남는 쪽으로 우리 몸을 바꿔왔다. 뇌가 우리 몸의 일부라는 사실을 고려한다면, 다양한 인간들이 보여주는 다양한 인지 능력 역시 특정 지역에서 특정 혈통 속에 살아온 것으로 형성된 결과라는 말도 성립하지 않을까?

이른바 인종 간의 인지 능력 차이라는 기준점에서 수치들은 극명하다. 현재 과학 부문 노벨상을 받은 유대인은 144명이다. 흑인 수상자는 0명이다. 스포츠에서와 마찬가지로, 특출하게 뛰어난 수행능력이 반드시 개인의 출신 집단을 반영하지는 않는다. 인지 능력을 측정할 때 우리는 전형적으로 집단 평균을 본다. 그리고 거기서 역시 숫자들이 시사하는 바가 있다. 일부 연구에 따르면, 전 세계 흑인 집단들은 지능 검사에서 그리 좋지 않은 결과를 보여주는데, 일부 추정치에 의하면 지능지수가 다른 집단들과 평균 10~15포인트 차이난다고 한다. 지능의 유전은 아마도 과학 전체에서 가장 논쟁적인 주제일 것이며, 여기에 집단적 차이, 진화, 인종에 관한 연구까지 합쳐지면 최악의 상황이 벌어질 수 있음은 어렵지 않게 예상할 수 있다. 인종차별적 견해를 정당화하기 위해 과학을 이용하는 사람에게는, 집단들 간의 인지 능력에 이처럼 차이가 있다는 것이 관찰될 때 그것으로 대화가 종결될 것이다. 진실을 추구하는 메커니즘으로서의 과학에 관심이 있는 사람에게는 이것이 대화의 시작일 것이다.

흔히들 이것을 금기시되는 주제라고 하며 인종과 지능, 유전학에 대한 솔직한 논의들은 현실부정에서 탄생한 지적인 검열에 굴하지 않는 용감한 자들의 전유물이라고 말한다. 그리고 여기에는 '과학자들이 정치적 올바름을 위해 진실을 희생시킨다.'는 진부한 주장도 자주 따라붙는다. 나로서는 그게 어떻게 그리 연결되는지 모르겠지만, 대개는 과장된 이단적 관점을 자처하는 사람들에게서 자주 들을 수 있는 관점인 것 같다. 바로 '진실을 추구하는 자' 대對 '과학적 순수성을 왜곡하는 자'라는 대결구도 말이다. 주류 언론과 온라인 공간은 이러한 양극화를 조장하며, 이런 갈등을 더 악화시키는 그럴싸한 문구들로 여러 아이디어들을 한데 뭉뚱그려버린다. 가령 '도덕성 과시'(virtue signalling), '눈꽃'(snowflake, '정치적 올바름'을 주장하며 잘못된 부분을 지적하는 이들을 과도하게 민감하다고 비하할 때 쓰는 속어로, 정치적으로는 보수 진영이 진보 진영을 경멸조로 일컬을 때 자주 쓴다.—옮긴이)이라는 용어, '사실은 감정과는 무관하다'라는 무의미한 슬로건 등이 그것인데, 이것들은 모두 숨은 진실을 찾아내려는 쪽과 그것을 억압하려는 쪽 사이에 문화 전쟁이 있다는 분위기를 조장하려고 만들어진 것이다. 그러나 인종과 지능에 관한 기사들은 대충 찾아보기만 해도 봇물 터진 듯 쏟아진다. 인종과 지능에 관한 논의들은 이른바 발언의 자유 원칙을 위반하며 금기시되기는커녕 넘쳐나며, 이것은 20세기에도 대체로 마찬가지였다. 현재 이처럼 방대한 양의 논의가 있다는 것은 이 주제가 이른바 '금지된 지식'이라는 주장과는 들어맞지 않는다. 오히려 우리는 대중적이고 때로는 학구적이기까지 한 담론들을 볼 수 있는데, 그것들은 대개 복잡성, 혼란을 주는 요소들, 그리고 다윈의 그 우아한 문구대로 '자신감을 불러오는 무지' 때문에 논점이 흐려진 상태다. 계몽주의 초기의 과학적 인종차별주의가 그랬듯이, 심각하고 복잡하며 아직도 진행 중인 중요한 연구 분야는 정치적 전쟁에 곧잘 휘말려 이용되곤 한다.

단지 사상적 전쟁만이 아니라, 이 과학적 영토가 어마어마하게 크다는 점도 이 분야의 걸림돌인데, 현재 우리의 지식은 이제 막 발을 들여놓은 수준에 불과하다. 뇌는 현재 알려진 바로 아마도 우주에서 가장 복잡한 연구 대상일 것이며, 게놈은 지금까지 인간이 발견한 가장 풍부한 데이터 세트일 것이다. 따라서 단순한 대답들은 결코 근시일내에 나오지 않을 것이다. 이 주제에는 애초부터 몇 가지 문제들이 내재되어 있다. 우선, 유전학은 매우 세세하며 어렵고, 우리는 이제 막 이해에 접어든 단계에 있다. 두 번째, 지능 측정은 복잡하고 어려운 작업이며, 우리에게 많은 측정법이 있기는 하지만 데이터에 관해서는 수많은 과학적 논쟁이 있다. 또한 이 책에서 내내 언급했듯이, 우리가 일상적 차원에서 말하는 인종 개념은 우리의 실제 게놈과 정확하게 상응하지 않는다. 따라서 이 세 가지를 연결하는 것은 그리 쉬운 일이 아니다. 인종과 유전학, 인종과 지능, 유전학 등 이런 개념들 사이의 상관관계를 찾기는 그렇게 쉽지 않다. 백 년이 넘는 시간 동안 이것을 주제로 나온 책과 논문들이 수백 권, 수천 편이 된다.

논란은 인종과 지능이라는 질문들로 자극되고, 종종 공인들의 인종차별적 발언에 의해 촉발되기도 한다. DNA 이중나선 구조의 공동 발견자이자 인간 게놈 프로젝트의 책임자였던 제임스 왓슨James Watson은 공적인 자리에서든 사석에서든 오랫동안 인종차별적 발언을 일삼았다. 2007년 인터뷰에서 그는 "아프리카의 앞날은 근본적으로 암울하다고 본다."고 말했는데, "우리 사회의 모든 정책들이 그들의 지능이 우리와 동일하다는 것을 전제하고 있지만, 검사 결과들은 하나같이 그렇지 않다는 걸 보여주고 있기 때문"이라는 것이었다. '인종이 평등한가'라는 질문에 그는 "흑인 직원을 상대해야 하는 사람들은 그렇지 않다는 걸 안다."고 말했다. 나는 그를 만난 적이 세 번 있는데, 한번은 그가 나에게 "인도인들은 상상력이 부족하기는 하지만 근면하기 때문에" 내가 유전학에서 잘 해낼 거라고 말했다. 당시 나는 19년째 과학 분야에 몸담고 있었는데 말이다.

2018년 어느 다큐멘터리에서, 당시 이미 노쇠한 왓슨은 2007년의 위와 같은 언급에 대해 공식 사과를 하기는 했지만 자신의 생각에는 변함이 없다는 뜻을 내비쳤다.

진정으로 위대한 과학적 성취를 이뤄냈던 사람의 삶이 무지에 의한 자발적 배타주의 속에 끝난다는 것은 안타까운 일이다. 2019년 왓슨의 콜드스프링하버 연구소(Cold Spring Harbor Laboratory)는 전 세계 다른 연구소들과 마찬가지로 남아있던 그의 직함을 모두 박탈했다. 그가 한 시대를 정의하는 연구로 쌓아올린 기반은 자기 스스로 과학적으로 무지하며 노골적으로 인종차별적인 관점들을 거듭 표현함으로써 무너졌다. 유전학자들이 결국 더는 참을 수 없게 된 것이다. 그러나 인종과 지능이라는 질문들에 계속 천착했던 소수의 사람들은 분노하며 들고 일어나, 왓슨을 단지 진실을 말했다는 이유만으로 억울하게 박해받은 투사, 자신이 개척한 바로 그 분야에서 제명당한 희생자로 만들었다. 그것은 전혀 진실이 아니었지만 말이다. 그것은 그를 만나본 사람이라면 누구나 아주 익숙하다고 느낄, 전혀 새로울 것 없는 인종차별주의의 표현이었다. 흑인은 게으르고, 인도인은 근면하지만 독창적이지 못하며, 유대인들은 지적으로 우월하다는 식의 관점들은 모두 과학적 인종차별주의의 토대가 형성된 18세기와 19세기부터 이미 표명된 것들이었다.

위대한 과학적 성취를 인정하고 기리면서도 동시에 극심한 편견은 규탄할 수 있어야 한다는 게 예나 지금이나 변함없는 내 입장이다. 심지어 그 두 가지가 한 사람에게서 나타날 경우라 하더라도 말이다. 프랜시스 골턴처럼 제임스 왓슨도 뛰어난 과학자였고, 인종차별주의자였다. 나는 정치적으로 유감스러운 그의 발언들에 대한 논의는 다른 이들의 몫으로 넘길 수 있지만, 그의 2018년 발언에 대해서는 의문이 계속 남는다. 그는 이런 발언을 자주 했다. "흑인과 백인의 평균 지능 지수에는 차이가 있다. 내가 보기에 그 차이는 유전학에서 기인한다."

그의 말은 맞는 것이었을까? 인종 간의 극명하게 다른 인지 능력 수치에 대해 자세하게 살펴보려면 지난 한 세기 동안 지능이 과학적으로 어떻게 측정되어 왔으며, 그것이 실제로 무엇을 '의미하는지' 알아야 한다. 그리고 지능과 유전학 간의 관계가 현재 어느 정도 밝혀져 있는지도 검토해보아야 한다.

이것은 쉽지 않은 분야다. 지능은 규정하기 쉬운 주제가 아니다. 인지 능력에는 다양한 행동들이 포함되지만, 대체로는 추론 능력, 문제 해결 능력, 추상적 사고, 학습 능력, 이해 등이 측정된다. 우리는 지금 인간의 지능에 대해 이야기하고 있으므로, 여기서 말하는 지능이란 다른 동물들에게도 적용할 수 있는, '알맞은 때에 알맞은 행동을 한다'는 식의 더 광범위한 의미의 지능 그 이상의 것을 뜻한다. 벌과 개미들은 꼬리춤(동료 벌들에게 꽃의 위치와 종류를 알려주기 위해 비행 중 특정 방향으로 꼬리를 흔드는 것─옮긴이), 죽은 동료를 처리하는 법, 나뭇잎에 균을 배양해 영양가 있는 균류를 키우는 법 등 다양한 종류의 기본적인 문제 해결 능력을 보여준다. 벌은 꿀을 만드는 데 객관적으로 우리보다 뛰어나다. 그러나 지능 검사에서는 형편없다.

거의 모든 인간 특질이 그렇듯, 인지 능력 역시 사람들 간에 균등하게 분포되어 있지 않다. 즉, 어떤 식으로 평가하든 어떤 이들은 다른 이들보다 더 지능이 높다는 말이다. 가장 자주 언급되며 잘 알려진 평가는 지능지수, IQ 검사다. 이것은 백 년 넘게 쓰이고 있는 검사이자 측정법으로, 평가 방법이 1912년에 처음 나왔을 때와 똑같지는 않고 현재 몇 가지 종류가 있기는 하지만 모두 추론 능력, 지식, 처리 속도, 공간 지각력 검사가 포함되도록 표준화되어 있다. 전형적인 검사의 경우, 아홉 개의 칸에 일련의 모양들이 들어있는 문제가 나오는데, 각 줄에는 한 가지 형태의 일부분이 모양을 달리하며 연속적으로 들어있어, 피검자는 비어 있는 아홉 번째 칸을 여러 선택지 중에서 골라 채워야 한다. 논리적 퍼즐을 풀어야 하는 다른 식의 추론 능력 검사 항목도 있다.

'앨리스는 열여섯 살이고, 벤보다 나이가 네 배 더 많다. 벤이 앨리스의 나이의 절반이 되었을 때 앨리스는 몇 살일까?'[19]

그리고 나면 공간 분석 검사를 하는데, 이것은 입체적인 물체를 상상 속에서 회전하여 여러 개의 선택들 중에서 맞는 결과를 고르는 검사다.[20]

나는 심리학자의 아들이라서 이런 검사를 수도 없이 받았다. 지난 세월 내가 어렵사리 얻어낸 지식으로 확실히 말할 수 있는 것은 그 검사

---

19 스무 살이다.
20 온라인 IQ 검사의 경우, 가끔 검사는 무료로 할 수 있지만 점수를 확인하려면 금액을 지불하거나 회원가입을 해야 한다는 점을 유의하자. 이런 검사들은 그다지 확실하지 않거나 과학적으로 유효하지 않은 경우가 많다.

들이 정말로 지루하다는 것이다. 물론 IQ 검사가 대단히 복잡한 분석은 아니지만, IQ 검사를 매우 심하게 비방하는 이들도 많은데, 다양한 강도와 다양한 형태의 비난들이 있다. IQ 검사에 반대하는 대표적인 주장으로는 검사가 문화적으로 편향되어 있다는 것, 혹은 실질적 지능이나 창의력을 잘 반영하지 못한다는 것이다. 또, IQ는 그저 그 사람이 지능 검사를 얼마나 잘 하는지를 측정하는 수치일 뿐이라고 일축하는 주장도 있다. 이는 물론 좁은 의미에서는 맞는 말이지만 그렇게 똑똑한 말은 아니다. 100미터 단거리 달리기는 당신이 그 거리를 빨리 달리는 데 얼마나 뛰어난지를 말해줄 뿐이다. 운전면허 시험은 당신이 법적으로 운전을 허락받을 만큼의 충분한 능력이 있는지를 평가할 뿐이다. 그것은 당신의 자전거 타기 능력을, 혹은 당신이 포뮬러원Formula 1(세계 최대의 자동차 경주 대회—옮긴이) 챔피언이 될 잠재성이 있는지 여부를 평가하지 않는다. 내가 측정받는 그것이 무엇인지를 이해하는 것보다는 그저 측정을 받는 편이 당연히 더 쉽지만, 그렇다고 해서 측정 자체가 무효화되지는 않는다. 측정이 정직하게 이루어졌다면 말이다.

이런 비난들은 모두 어느 정도는 맞지만, 엄청난 비밀도 아니다. 심리학자들은 이러한 한계를 정확하게 알고 있으며, 현대의 검사들은 물론 완벽하지는 않아도 이런 단점을 보완하도록 만들어졌다. IQ 검사는 문화적으로 편향되어 있지만, 그렇다고 해서 거기서 도출된 데이터가 타당하지 않은 것은 아니다.

자주 언급되는 또 다른 비난은, 방대하게 복잡하며 다면적인 행동들을 한 가지 측정 기준으로 평가하는 것은 부적절하다는 주장이다. 그러나 이것은 100미터 달리기의 경우에도 마찬가지다. 우리는 단일한 수치로 이루어진 결과를 받게 되며, 그것은 훈련의 양이나 당신이 타고난 유전자, 당신이 운동선수로 활동해 온 기간, 그밖에 당신의 신체적·정신적 능력과 관련된 수많은 사실들을 말해주지는 않는다. 그러나 바로 그 단일한 측정 기준은 위에서 언급한 요소를 비롯해 여타 여러 요소들과의 상관관계를 아주 잘 보여줄 것이다. 우리는 당신의 속도에 근거해 다양한 종류의 예측을 할 수 있다. 10초 이하의 시간은 장기간 훈련받아온 전문 운동선수라는 것, 폭발적 에너지와 관련된 유전적 소인을 갖고 있다는 것, 낮은 심박율 등과 아주 밀접하게 관련될 것이다. 또한 그로부터 그 사람이 아프리카 노예의 후손이라는 것도 예측해볼 수 있다. 그러한 시간 기록을 가진 140명 이상의 선수들 중 대다수가 아프리카계 미국인이기 때문이다.(3부에서 살펴보았듯이 물론 이것은 앞으로 바뀔 수도 있다.) 또한 그것으로부터 우리는 당신에게 다리가 두 개, 팔이 두 개 있다는 사실, 당신이 흡연하지 않는다는 사실도 예측해볼 수도 있다. 올림픽 100미터 달리기 결승전 진출자들 중에 최소한 경기 시점에 담배를 피우는 사람이나, 팔다리가 네 개 미만이었던 사람은 한 명도 없었으니 말이다.

IQ는 그것이 정확히 무엇을 측정하는지와 무관하게 많은 것들을 예측하기에 단거리 달리기보다 훨씬 더 훌륭하다. 백 년이라는 시간 동안 수천 건의 연구들이 IQ를 면밀하게 연구하고 검증해왔기 때문이다. 그 사실 하나만으로도 그것은 유용한 측정 기준이 된다. 과학 분야에서 흔히 그렇듯 IQ 역시 집단을 연구할 때 상당한 가치가 있으며, 개개인에게 적용될 경우에는 그만큼 유의미하지는 않다. 우리 누구도 스티븐 호킹 Stephen Hawking이 멍청하다고 생각하지 않지만, 그는 2004년에 IQ가 몇이냐는 질문을 받았을 때 "자기 IQ 가지고 으스대는 사람들은 루저들"이라고 대답했다. 반면 트럼프 대통령은 자신의 IQ가 얼마나 높은지를 자주 이야기하는데, 그 권위 있는 자리에 앉았던 선임자 둘보다 본인의 IQ가 더 높다고 공공연하게 언급한 적도 있다. 멘사Mensa 같은 명망 있는 조직에 들어가는 데는 IQ가 가입 기준이지만, 솔직히 나는 거기 사람들보다 더 재미없는 그룹은 상상할 수 없다. 역사적으로 IQ는 자기만족적 동아리 가입이라는 목적보다 훨씬 더 유해한 목적으로 사용되었으며, 이것은 이 유효한 과학적 도구를 향한 대중의 적대감을 어느 정도 설명해준다. 20세기 전반부 미국에서 IQ 검사는 국가의 우생학 정책에 대한 평가의 일환으로 적용되어, 6만 명 이상에게 강제 불임 수술을 시행하는 결과를 낳았다.

IQ 검사 결과는 평균이 100이고, 한 집단의 IQ 범위는 '정상 분포'라고 알려진 것, 즉 종형 곡선으로 나타난다. 이는 100 이상과 이하에 동일한 수의 사람들이 있으며, 그중 약 3분의 2는 100 이상 및 이하로 15 포인트 범위 내에 분포한다는 뜻이다. 약 40명 중의 한 명이 IQ 130 이상이거나 70 이하다. IQ는 평생 고정된 것이 아니며, 결과는 피검자가 나이를 먹어가며 안정화되는 편이지만, 청소년기에는 변화가 심하다. 또한 연습에 의해 미미하게나마 향상될 수도 있는데, 특히 학교들이 다양한 학습 전략을 채택할 경우 표준적 IQ 검사에서 그런 점이 반영된다. IQ는 불변하는 선천적인 지적 능력이라기보다는 늘 발전하기 마련인 현재의 능력들을 시험하는 것이기 때문에 이는 사뭇 당연하다.

또한 IQ는 집단 내에서도 언제나 고정된 것이 아니다. 플린 효과 (Flynn Effect)라고 알려진 현상이 있다. 정치과학자인 제임스 플린James Flynn은 시험 집단들의 IQ가 1930년대 이후로 10년마다 평균 3포인트 정도 올라간다는 것을 발견했다. 이런 현상을 설명해줄 요소들이 몇 가 지 있으며 건강 증진, 영양 상태, 생활 수준 및 교육 수준 등이 그에 해 당하지만 유전자의 변화는 여기에 포함되지 않는다. 이러한 결과는 세 계 곳곳에서 관찰되며 몇 년마다 발생하는 것이기 때문에 한 세대 내에 서, 혹은 세대 간에 중대한 유전자 변화가 일어났을 가능성은 없다.

인간이 노력을 기울이는 다른 분야에서도 여러 방식의 플린 효과를 확인할 수 있다. 운동선수들은 과거에 비해 거의 모든 측면에서 더 탄탄 한 몸을 갖고 있다. 돈 브래드먼Don Bradman 같은 전설적인 선수가 있 었던 A급 호주 크리켓팀은 서로의 전성기 때 만난다면 현재의 영국 B급 팀에게 참패할 것이다. 만일 1966년 영국의 월드컵 우승 축구팀이 현재 내가 사랑하는 입스위치 타운의 일군一群 팀과 겨룬다면 꽤 힘들어할 것이다. 비록 입스위치 팀이 현재 영국 리그에서 삼류를 면치 못하고 있 지만 말이다. 스포츠 팀들이 현재 유전자적으로 더 뛰어난 것일까? 아 마 그렇지는 않을 것이다. 다만 스포츠가 발전해왔고 더욱 진지하게 받 아들여지며 수익성도 높아짐에 따라, 훈련프로그램과 장비, 식이, 피트 니스 및 전문성 등 모든 면에서 기준이 껑충 뛰어오른 것이다.

과학에서 IQ의 가치는 부정할 수 없다. 그것은 또한 학습 성취도(시험 결과로 나타남)나 학습 기간(교육을 받은 기간으로 알 수 있음) 등 과학 연구에서 자주 사용되는 다른 인지 능력 측정치와도 상당히 밀접하게 연관된다. IQ 검사에서 높은 점수를 받은 사람들은 평균적으로 더 오래 살고, 학교에서 성적이 좋으며, 일에서 더 성공을 거두고, 수익이 더 높은 경향이 있다.

전 세계 및 각기 다른 집단들 간의 IQ 점수의 경우, 전체 그림이 아직 명확하게 드러나지는 않았지만 몇 가지 부정할 수 없는 차이들은 있다. 최신 메타분석에 의하면, 사하라 이남 아프리카에 있는 나라들은 IQ가 80점대인 편으로,[21] 영국의 표준 IQ와는 상당한 차이를 보인다. 비록 이런 결과들이 보편적으로 받아들여지는 것은 아니지만 말이다. 데이터가 맞는다면 이는 당연히 현저히 낮은 수치다. 이러한 결과를 해석하는 것

---

21 예전의 연구들, 그중에서도 특히 논란이 많은 심리학자 리처드 린Richard Lynn의 연구는 아프리카 대륙 전체 평균 IQ가 상당히 낮고, 심지어 일부 국가들은 집단 평균이 IQ 70대라고 주장했다. 그러나 그러한 결론은 평균을 현저하게 낮추는 데이터만 선별해 도출한 것으로, 데이터 세트를 그렇게 비체계적으로 선택한 이유에 대해 제대로 된 해명도 없다는 점에서 비판을 받고 있다. 린은 정치적으로 극우 성향으로, 극우 성향의 회의에서 강연을 해왔으며, 전前 KKK단(Ku Klux Klan, 미국의 비합법적 백인우월주의 결사단체—옮긴이) 대마법사(Grand Wizard, KKK단의 수장을 일컫는 용어—옮긴이)나 여타 백인 민족주의자들을 초청하는 행사들에서도 강연자로 나서고 있다. 또한 '백인 문명'을 보존하기 위한 미국의 분리 독립을 지지한다. 린의 연구를 그의 인종차별적이고 백인 우월주의적인 관점과 별개로 간주하는 것이 이론적으로는 가능할 것이다. 그러나 의심스러운 데이터를 사용하고 결과를 자의적으로 선별했다는 문제는 과학자로서 그의 신뢰성에 큰 부담을 준다. 1994년에 린은 이렇게 언급했다고 한다. "지금 대량 학살이 필요하다는 말이 아니다. 무능한 문화를 가진 집단들을 다 죽여 없애자는 게 아니다. 다만 그러한 사람들을 '단계적으로 줄여나가는' 방식을 현실적으로 생각해볼 필요가 있다. … 진화란 덜 유능한 것들의 멸종을 의미한다."

은 결코 쉽지 않으며 유전적 요소들을 완전히 배제한다는 것도 불가능하지만, 이것이 현재 아프리카 대륙 전역에 걸친 방대한 유전적 다양성 때문인 것으로 보이지는 않는다.

그보다는 환경적 요소들이 이러한 차이를 설명하는 데 훨씬 더 적합하다. 개발도상국들은 선진국보다 생활수준이 더 낮으며, 교육 체계, 건강 프로그램, 의료 등이 덜 발달했다. 이러한 종류는 수량화하기 쉽지 않으며, 데이터 역시 희박하고, 여러 나라들의 상황이 평준화된 것도 아니라 국가마다 제각각이다. 그러나 일부 IQ 연구자들은 많은 사하라 이남 아프리카 국가들의 사회경제적 위상이 20세기 전반부 유럽 국가들과 비슷한 것은 확실하다고 본다.

실제로 이 지역의 IQ를 연구한 최대 규모 메타분석에서 연구자들은 만일 플린 효과가 (예를 들어) 네덜란드에서 일어나지 않았다면, 네덜란드의 국가 IQ는 지금도 1950년대와 똑같았을 것이라고, 즉 (현재와 달리) 80 정도였을 것이라고 지적한다. 역시나 보편적으로 받아들여지는 것은 아니지만 한 연구에 따르면, 1970년대 아일랜드의 국가 평균 IQ는 약 85 정도였지만 현재는 영국과 마찬가지로 100이라고 한다. 여기서도, 만일 정말로 한 세대 안에서 그러한 변화가 일어났다면 유전자는 주요 요인이 될 수 없다. 그러나 대대적인 사회경제적 변화들은 그 정도의 짧은 시간 내에 일어날 수 있다. 실제로 아일랜드에서는 건강과 교육이 증진되었고, 그 부문에 큰 투자가 이루어졌으며, 대중매체와 더불어 시골의 농경적 삶이 더 부유하고 복잡한 도시 및 산업 문화로 급속하게 대체되었다. 따라서 일부 아프리카 국가와 유럽 국가들 사이에서 나타나는 이런 차이는 상당 부분 플린 효과가 보편적으로 일어나지 않았다는 사실 때문일 수 있다고 자연스럽게 추측해 볼 수 있다. 즉 아프리카 일부 국가들에서는 플린 효과가 일어나지 않은 것이다. 만일 집단의 평균 IQ를 올리는 요소 중에 영양과 의료, 교육의 증진 등이 포함된다면, 아프리카 국가들의 경우에는 해당 부문이 IQ 격차를 완전히 메울 만큼 현저하게 증진되지 않았다고 보는 것이 타당하다. IQ는 삶의 질에 관련된 문제들에 아주 강력한 예측 변수이므로, 이런 것들의 기저에 깔린 과학을 이해하는 것은 중요하다.

유전이 아니라 환경이다

우리는 가족으로부터 배우고, 부모에게서 유전자를 물려받는다. 우리 가까이에 사는 사람들은 대체로 임의의 타인보다는 우리에게 더 가깝게 연결되어 있다. 사회 정책들은 국가적 차원에서 이루어지며, 이러한 요소들이 다 합쳐져 인간의 특성들이 다음 세대로 전수되기까지의 지리적 영향력을 줄여준다.

지능은 유전되는 성질이 크다. 이것은 일견 쉽게 말할 수 있는 문장 같지만 그 네 마디에는 가장 다루기 어렵고, 또 가장 많은 오해를 받는 과학이 들어있다. 이것은 사람들 사이에서 나타나는 차이들이 상당 부분 DNA에서 비롯된다는 뜻이다. 신장이라는 간단한 특질이 이러한 까다로운 개념을 이해하는 데 도움이 된다. 평균적으로 키가 큰 사람들은 자녀들도 키가 크다. 우리는 쌍생아 연구법(쌍생아의 특질을 비교해 성장과 발달에 미치는 유전과 환경의 요인을 연구하는 방법—옮긴이) 및 다른 방법들을 통해 한 집단에서 신장의 차이는 대부분 환경보다는 유전자에 근거한다는 것을 알고 있다. 예를 들어 키가 제일 큰 사람이 210센티미터이고, 제일 작은 사람이 150센티미터인 집단을 연구한다고 가정하면, 최근의 연구들을 통해 우리는 총 신장 격차인 60센티미터 중에서 55.8센티미터가 DNA에 암호화된 것이고, 나머지는 식이나 영양 등 환경에 의한 차이라는 것을 알 수 있다. 그렇다고 해서 우리가 그 유전자가 무엇이고 어떤 일을 하는지 안다는 것은 아니며, 다만 그러한 변수가 DNA에 암호화되어 있다는 뜻이다.

'유전되는'이라는 말은 말뜻 그대로를 의미하지 않기 때문에 전문용어로서는 형편없는 용어다. '유전된다'는 말은 어떤 특질의 어느 정도가 유전자에 의한 것이며 또 어느 정도가 환경에 의한 것인지를, 즉 자연 혹은 양육에 의한 것인지를 말해주지 않는다. 또 다른 예를 들어보자. 모든 인간은 한 손에 다섯 개씩 열 개의 손가락을 가지고 태어난다. 태어날 때 다섯이라는 숫자에는 변동이 없다. 이는 이 특질이 전적으로 선천적으로, 유전적 원인에 의해 결정된다는 뜻이다. 그러나 성인들 중에는 사고로 손가락을 잃어 손가락이 열 개가 아닌 사람도 많다. 즉, 성인기 손가락 개수의 변동은 유전자가 아니라 전적으로 환경에 의해 결정되며, 따라서 성인의 손가락 개수의 유전성은 0에 가까우리만치 매우 낮은 것이다.[22]

좀 극단적인 예를 들기는 했지만, 거의 모든 특질들이 어느 정도는 유전되는 것들이다. 어떤 측정법에 의한 것이든 인지 능력도 다르지 않다. 지능의 선천적인 정도는 매우 유전적이다. 우리는 백지로 태어나며 우리의 능력과 성격은 그 위에 그려져 나간다는 뜻의 '타불라 라사Tabula rasa(아무것도 쓰여 있지 않은 서판이라는 뜻—옮긴이)'는 맞지 않는다. 그리고 우리는 이 점을 수십 년 전부터 알고 있다. 추정치는 연구에 따라 다양하지만, 인지 능력의 40~60퍼센트 정도가 다른 요인들이 아닌 유전학에서 기인한다. 즉, 인지 능력에 관해 나타나는 차이점의 절반가량이 DNA로 인한 것이라는 뜻이다. 이것은 딱히 새로운 발견이 아니며, 그리 논쟁적이지도 않다. 서판은 비어있지 않으며, 수정이 될 때 이미 조상들의 DNA에 의해 어느 정도는 미완성으로나마 씌어있다.

지금까지 인지 능력에 관한 추정은 자연이 준 가장 유용한 실험 도구인 쌍생아 기법으로 이루어졌다. 일란성 쌍생아는 (거의) 정확하게 동일한 DNA를 가지고 있기에, 그 둘 사이에서 보이는 행동상의 차이는 자연이 아닌 양육에 의한 것으로 볼 수 있다. 출생 시 분리되어 각기 다른 가정에서 양육되는 일란성 쌍생아는 또 다른 형태의 쌍생아 기법이다. 그러나 이러한 기법에는 한계가 있고, 그에 따르는 문제들도 있다. 치

---

22 사실 날 때부터 손가락이 열 개보다 많거나 적은 상태로 태어나는 아기들도 있다. 이러한 변화는 부분적으로 환경적 요소에 의해 촉발될 수 있는데, 약물 탈리도마이드Thalidomide(1960년대까지 임산부에게 진정제로 투여되었으나 기형아의 원인이 될 수 있는 것으로 밝혀진 약물—옮긴이)로 인해 팔다리 및 손가락, 발가락이 비정상적인 아기들이 태어났던 사례가 있다. 시금 이 사례를 언급하는 것은 손가락 개수의 유전성이 아주 없는 것은 아니지만, 매우 낮다는 말을 하기 위한 것이다.

명적 결함은 아니지만 염두에 둘 필요는 있다. 출생 시 분리된 쌍생아는 동일한 국가, 비슷한 집단의 가정에서 양육될 가능성이 크고, 그렇다면 이것은 당연히 환경적 차이가 그리 크지 않을 수 있다는 뜻이다. 또한 일란성 쌍생아는 다른 형제자매들보다 두 배 많은 DNA를 공유하고 있지만, 다른 형제자매들과 쌍생아들은 공통된 환경에서 자라기 때문에, 일란성 쌍생아들의 특질의 유전성은 쌍생아가 아닌 형제자매들의 두 배가 아니다. 이것을 비롯해 이런저런 약점들이 있지만, 쌍생아 기법은 지능의 유전성을 이해하는 데 여전히 유효하며 중요한 일부분이다.

현재 우리는 복잡한 특질들과 관련된 실질적인 유전자 차이를 찾고 있다. 우리는 무수히 많은 사람들의 게놈을 검토해 유전자 암호 안에 들어있는 경미한 다양성을 찾아낼 수 있으며, 그런 차이가 특정 행동들과 상응하는지 알아내려고 노력하고 있다. 이러한 것을 전장유전체 연관분석(Genome Wide Association Studies), 혹은 GWAS지와즈라고 한다. GWAS는 2005년에 처음 만들어진 후로 다양하게 활용되면서 유전학의 중심이 되었다.

인간 게놈 프로젝트로 밝혀진 중요한 사실은 우리가 가진 단백질-암호화 유전자가 그렇게 많지 않다는 것이다. 심지어 물벼룩이나 회충, 바나나보다 적다. 인간 유전자의 개수는 대략 2만개다.(유전자를 어떻게 정의하는지에 따라 달라질 수는 있다.) 이것은 '한 가지 특질에는 하나의 유전자가 상응한다.'라는, 많은 유전학자들이 고수했던 전통적 모델이 무너졌음을 의미했다. 대신 지난 15년 동안 우리는 유전자가 우리 안에서 작용하는 방식의 새로운 모델을 구축해왔는데, 그 과정에서 단일한 유전자가 몸속에서 때에 따라 여러 가지 일을 수행하는 경우가 많다는 사실이 밝혀졌다. 유전자는 네트워크 속에서, 집합적으로, 위계에 따라 작동한다. 그래서 우리가 GWAS를 통해 알아낸 바에 따르면 키나 눈동자, 피부색 등 단순한 기준으로 요약될 수 있는 특질들의 경우 수십 개, 때로는 수백 개의 유전자들이 작지만 누적된 역할을 한다.

IQ는 단일한 수치지만 지능은 단일한 것이 아니며, 지능에 영향을 미치는 유전적 요소도 결코 단일한 유전자가 아니다. 가장 최근의 연구는 인지 능력 검사에서 더 좋은 결과를 받게 하는 일군의 유전자 변이들을 밝혀냈다. 이러한 차이들은 우리 모두의 유전자들 속에 있으며, 누적된 차이들이 검사에서의 수행 능력에 영향을 주는 것으로 보인다. 게놈에 대한 우리의 이해가 더욱 선명해지고 표본의 규모가 커질수록, 관련 유전자들도 더 많이 발견될 것으로 보인다. 나는 인지 능력과 연관된 유전자 변이들이 수백 개, 수천 개에 달한다고 해도 놀라지 않을 것이다.

우리가 새로이 알게 된 바에 따르면, 인간 유전자들은 여러 세포 조직 내에서 여러 기능을 하는 경우가 많다. 신진대사에 관여하는 유전자들은 몸 곳곳의 다른 세포 조직에서도 활동할 수 있다. 생각할 때나 행동할 때, 그리고 한 영혼이 살아나가는 동안 우리 뇌에서 800억 개의 세포가 활동해야 할 만큼 강렬한 신진대사가 요구된다는 점을 고려하면, 한 가지 활동에 수천 개의 유전자들이 관여한다고 해도 놀라운 일이 아니다.

우리는 그런 유전자 대부분이 무엇을 하는지, 적어도 분자 단위로 정확하게 알지는 못한다. 또한 유전자 안의 어떤 변형, 혹은 얼마나 경미한 변형이 우리의 뇌나 행동에 영향을 미치는지도 알지 못한다. GWAS에서 A는 '연관'을 뜻하는데, 이는 이 분석이 아직 밝혀지지 않은 이 연구 대상에 관한 통계학적 상관관계와 메커니즘을 연구하고 있다는 뜻이다. 우리는 GWAS를 통해 '여기서 뭔가 흥미로운 일이 벌어지고 있어.'라고 말하는 인간 게놈이라는 지도에 깃발을 하나 꽂았지만, 그게 무엇인지는 아직 모른다. 그러나 이렇게 아직 알지 못한다고 해서 방법론이나 결과가 틀린 것이 되지는 않는다. 메스가 심장 해부에 필수적인 정밀 도구이기는 하지만, 심전도가 무엇을 하기 위해 만들어진 것인지를 말해주지는 않는 것처럼 말이다. 아마 DNA에서 관찰되는 차이들의 상당수가 단백질의 활동에 미묘하며 그리 중요하지 않은 변화들을 암호화하는 것일 수 있다.

가령 성경 중에서 킹제임스성경(KJV)과 새국제성경(NIV)이라는 두 가지 종류를 생각해보자. 그 둘은 동일한 메시지와 이야기를 담은 같은 책이지만, 철자와 상당수의 낱말, 사실상 상당수의 문장들이 달라지고 수정되고 삭제되었다. 이러한 변화들 중에는 사소한 것들도 있어서, 가령 요한계시록 13장 18절에서 적그리스도를 찾아내는 방법에 대한 유명한 구절을 킹제임스성경은 이렇게 번역해놓았다. "총명 있는 자는 그 짐승의 수를 세어보라. 그 수는 사람의 수니, 육백육십육이니라." 한편 새국제성경은 이렇게 번역했다. "지각 있는 사람은 그 짐승의 숫자를 세어보십시오. 그것은 사람의 수이며, 그 숫자는 666입니다." 개중에는 상당히 중요해 보이는 큰 변화들도 있다. 새국제성경의 마태복음 20장 16절은 '이와 같이 나중된 자로서 먼저 되고 먼저된 자로서 나중 되리라.'라고, 킹제임스성경에 들어있는 두 번째 문장, 즉 '부름 받은 자는 많으나 선정된 자는 적으리라, 하시니라.'가 삭제되어 있다. 성경학자들은 이 두 가지 버전의 수백 가지 차이점에 대해, 그러한 변화들이 의미를 심각하게 바꾸는 번역인지, 아니면 단순히 텍스트를 간결하게 만들 뿐인지, 아니면 아무런 영향도 미치지 않는지 등에 대해 논쟁할 수 있을 것이다. 그러나 최소한 해당 텍스트를 읽는 것만으로 지금 내가 어떤 성경을 읽고 있는지는 판별할 수 있어야 한다. GWAS가 하는 일도 이와 비슷해서, 그것은 유전자라는 텍스트를 들여다보고 유전자 변화들이 특정 인간 특질에 상응할 확률을 추정한다.

우리는 유전학을 이해하는 데 종종 책을 비유한다. 글자들, 낱말들, 문장들, 논리정연한 의미, 이런 것들은 모두 생물학과 문학에서 공통적으로 사용하는 개념이다. 그러나 사실 인류 유전학이 이 정도로까지 복잡해지면, 어떤 비유도 그 데이터의 풍부함을 다 담지 못하며, 낱낱이 파헤치기 위한 수치 계산도 의미가 없어진다.

그러나 집단 유전학을 이해하는 것은 인종에 관한 과학적 논쟁에서 중요하기 때문에, 짧게라도 이렇게 설명해보겠다. 매우 복잡한 인간 특질들의 경우, 수천 개의 경미한 차이들이 작지만 누적되는 영향을 미치는 것으로 보이며, 그런 데이터를 취합할수록 유전자의 영향력을 밝혀내는 데 도움이 된다. 이것을 다중유전자 위험지수(PRS, polygenic risk score)라고 한다. 이것은 어떤 특질의 원인이 되는 전체 게놈을 추정하게 해주는 계측법이다. 즉, GWAS로 다수의 유전자들에 대한 정보를 확보했다면 그것이 미치는 영향을 추산하기도 쉬워지는 것이다. 이것은 과학자들의 연장통에 추가된 강력하고 값진 도구다. 다중유전자 위험지수는 아직 임상적 개입이 보장될 만큼 자세하게 밝혀진 수준은 아니지만, 복잡한 질병들을 비롯해 인간 특질의 유전학을 이해하는 데 도움이 된다.

GWAS와 PRS는 인류 유전학이라는 장을 뒤바꿔놓은 정말로 놀라운 도구다. 그렇다고 해서 그것들이 절대로 오류가 없다거나 언제나 가장 적합한 도구라는 말은 아니다. PRS는 지능이 한 집단 내에서 유전된다는 점을 보여주는 데는 탁월하다. 그러나 이것은 집단들 '사이'의 차이점을 파헤치는 데 그리 유용한 도구는 아니다. 그래서 상이한 집단의 IQ 점수가 서로 다르며, 지능의 유전성이 (아마도 50퍼센트 이상으로) 높다는 사실을 우리가 안다고 해서, 그게 반드시 상이한 DNA 변이들이 그러한 집단 간 차이의 원인이라는 뜻은 아니다. 상이한 유전자 차이를 가진 두 집단이 동일한 IQ 점수를 받는 것도 얼마든지 가능할 것이다.

키가 더 측정하기도 쉽고 이해하기도 좋으니, 키를 다시 예로 들어보자. 한 집단 내 키 차이의 원인이 되는 것으로 보이는 DNA상의 많은 차이들은 키를 '위한' 유전자들이 아니라, 그저 키와 '관련된' 유전자들일 뿐이다. 우리는 그러한 유전자 서명이 무슨 일을 하는지, 그것이 키에 영향을 미치는지, 아니면 그저 키에 중요한 유전자들과 물리적으로 연관되어 있을 뿐인지, 정자나 난자가 만들어질 때 DNA가 잘려 나오는 방식 때문에 어쩌다보니 발생하는 것인지 알지 못한다. 우리는 또한 유전자의 차이들이 표현형을 추동해 평균 신장을 높이는 데 있어 지역적 환경에 의존하는지 여부도 알지 못한다. 우리는 신장과 관련해 일본과 유럽에서 상이한 유전자 연관성을 보게 될 것이라고 예상할 수도 있지만, 그런 유전자들이 어떤 역할을 하는지를 알지 못한다면 그것들이 우연히 생겨난 것인지, 중요한 것인지, 상이한 환경이나 상이한 음식이나 영양 상태에 관해 정말로 유의미한 것을 말해주는 것인지 알 수 없다. 이런 것들은 이런 유형의 유전학 연구가 제대로 답할 수 있는 질문들이 아니다. GWAS는 한 집단 내에서 관련 유전자를 찾아내는 데는 중요하고 강력한 도구지만, 서로 다른 집단들 간의 경우에는 그렇지 않다.

이것이 어려운 전문 과학이며 통계학적 분석이라는 점은 나도 부정하지 않겠다. 그러나 이것은 계속되는 지능 및 인종 관련 논의에서 중요하다. 사람들 집단을 정밀하게 파헤치는 우리의 능력은 향상하고 있으며, 도구들은 활용하기가 더 쉬워지고 있다. 그렇다고 해서 그 도구들이 이 연구에 꼭 맞는 것이라는 뜻은 아니다. 인간 다양성을 연구하는 과학자들, 그리고 기자들과 독자들은 맞는 결과로부터 틀린 결론을 이끌어내지 않도록 경계해야 한다. GWAS가 탄생한 이래, 결과들이 대단히 틀리게 보도되는 일이 자주 일어나고 있다. 전형적으로 '과학자들이 X에 대한 유전자를 발견했다.'면서 빈약한 상관관계를 어떤 현상의 원인이라고 주장하는 것이 그 예다. GWAS에 더해 다중유전자 위험지수가 개발되면서, 확대 해석이나 노골적인 오류의 위험은 더 커졌다. 지능의 불균등함을 설명하려고 할 때 우리는 우리가 가진 도구들의 한계를 염두에 두어야 할 뿐 아니라, 우리가 어떤 견해를 내세우는 이유에 대해서도 조심해야 한다. 지적 수행능력이라는 이 특정한 경우에 우리가 해야 할 질문은 이것이다. 자연 선택이나 인위적인 선택, 혹은 그 둘 모두를 통한 생물학적 진화가 집단들 사이에서 나타나는 차이점들을 가져왔는가 하는 것이다.

유대인의 경우

이 책에서 지금까지 자세하게 살펴보았듯이, 인간 집단을 뚜렷한 별개의 대상, 혹은 인종으로 설명하는 것의 심각한 어려움은 일단 차치해보자. '흑인(Black)'이라는 말은 흑인들에게서 발견되는 게놈의 다양성, 표현형의 다양성, 혹은 지리적 다양성을 적절하게 설명하는 분류학적 용어는 아니다. 물론 DNA를 근거로 한 사람의 혈통을 더 확실하게 예측할 수 있기는 하지만 말이다. 유대인은 또 다른 형태의 민족적·문화적인 분류로, 그들은 수천 년에 걸친 박해, 유럽 및 인근으로의 숱한 디아스포라Diaspora와 강제 이주라는 특이한 역사를 가지고 있다. 문화적으로 아시케나지 유대인이라는 정체성을 가진 사람들은, 절대적이지는 않아도 대개 유대인 혈통을 보여주는 유전자 서명을 가지고 있다.

마크 트웨인Mark Twain은 1898년 《하퍼스(Harper's)》 잡지에 「유대인에 대하여(Concerning the Jews)」라는 제목의 글을 쓰며 이렇게 언급했다.

> "문학과 과학, 예술, 음악, 금융, 의학, 그리고 난해한 학습 부문에서 그들이 구축한 세계적 명성 역시 그들의 빈약한 숫자와는 전혀 비례하지 않는다. 그들은 어느 시대에나 이 세상에서 멋지게 싸워왔다. 그것도 두 손이 뒤에서 묶인 채로 말이다."

유대인의 약 3분의 1을 차지하는 아시케나지 유대인은 지성적 분야에서의 성공과 가장 많이 연관되는 그룹으로, 미국계 유대인의 최대 비율을 차지하고 있다. 현재 1100만 명 정도의 아시케나지 유대인들이 있지만, 그들의 역사는 전혀 선명하지 않다. 아시케나지 유대인은 중세 중앙유럽에서 출현했는데, 구체적인 시기나 위치는 정확히 알려지지 않았다. 아시케나지 유대인이 유대교 내에서 뚜렷한 문화적 그룹으로 형성되는 데는 중동에서 중앙유럽으로의 이주가 중요한 역할을 한 것으로 보이는데, 특히 독일 남부와 이탈리아, 프랑스로의 이주가 더욱 그랬다. 중세 시대에 이런 일부 지역에서는 유대인임을 나타내기 위해 노란 배지를 달아야 한다는 강제 사항이 있었다. 또한 위 국가들과 영국에서 추방되었던 것도 아시케나지 유대인들이 동쪽, 즉 폴란드와 프러시아로 이동하게 만든 요인이었다. 유대인 집단의 이러한 중심지들은 비교적 안정적이었으며, 홀로코스트 때 체계적으로 죽임을 당한 600만 유대인 대다수에게 기반이 되어주었을 것이다. 홀로코스트 대량 학살 이후, 아시케나지 유대인은 미국과 캐나다를 비롯한 여러 나라들로 이주했으며, 이스라엘의 경우에는 유대인 인구의 절반가량이 아시케나지 유대인이다.

또한 권력층이 유대인들의 직업 문화를 상당 부분 사업과 상업에 초점을 맞추면서 그들에게 제약을 가하고, 그것을 관행처럼 만든 것도 이런 독특한 역사 중 하나다. 여기에 유대인들은 같은 사회적 그룹 내에서 결혼하는 비율이 상당히 높다는 인식까지 더해지면서, 아시케나지 유대인들이 지성적 분야에서 거두는 성공에 대해 이유를 찾아보려는 시도들이 생겨나는 것이다. 대체로는 유대인들의 독특한 역사 때문에 인지

능력과 관련된 유전자에 대한 인위적 선택이 풍부해졌으며, 이러한 유전자 선택이 성공의 이유라는 것이 일반적 견해다. 그 결과, 이들 유대인들에게는 지성적 분야에서 특출한 성공을 거두게 하는 유전적 소인이 있을 뿐 아니라(노벨상 수상자, 체스 우승자, 세계적 바이올리니스트, 수학자 등이 월등히 많은 것) 그런 경향이 이 민족 내에서 전반적이라는 주장이 나온다. 일부 연구에 따르면 유대인들은 IQ 검사에서 현저하게 높은 점수를 받는데, 유별나게 뛰어난 극소수 때문이 아니라 집단 평균 자체가 높기 때문이라고 한다.

반反유대주의가 수천 년 된 것이고, 유대인을 지성적 활동과 연관시키는 것도 몇 세기 된 것이기는 하지만, 이른바 유대인의 선천적인 인지 능력에 대한 현재의 논의는 상당 부분 2006년의 한 연구에서 비롯되었다. 중요한 영향을 갖고 있는(또한 상당한 정밀 검토를 불러온) 그 논문에서, 그레고리 코크란Gregory Cochran과 제이슨 하디Jason Hardy, 헨리 하펜딩Henry Harpending[23]은 유럽 내 아시케나지 유대인들의 역사가 지성과 관련된 유전자를 풍부하게 하는 결과를 낳았다고 주장했다.

---

23 이 점은 짚고 넘어가야 할 것 같은데, 헨리 하펜딩은 영향력 있고 중요한 작업들로 널리 사랑받은 인류학자였다. 그러나 말년으로 가면서 논란이 되는 인물로 명성을 얻기 시작했고, 그것은 비단 그의 연구 때문이 아니었다. 그는 가끔 극우 조직들과 어울렸고, 명백히 인종차별적인 발언들을 하곤 했다. 2009년 〈서구 문화를 지키기 위하여(Preserving Western Culture)〉라는 제목의 회의에서 그는 이렇게 말했다. "여러분 부모님이나 조부모님을 한 번 보십시오. 은퇴를 하면 편히 쉴 수 있잖아요. 그러나 그분들은 은퇴 후에도 그저 소파에 앉아 가만히 쉬지 않습니다. 어딜 가고, 쇼핑을 하고, 손자손녀들의 요람을 흔들어 줍니다. … 나는 아

그들은 유대인(특히 아시케나지 유대인)의 역사에만 있는 고유한 몇 가지 요소들이 이처럼 지성적 활동에 적합한 유전자 선택이 이루어질 만한 조건을 만들어냈다고 주장한다. 그중에는 같은 집단 안에서만 결혼하는 '족내혼' 같은 사회적 행동들도 포함되는데, 그것이 자연 선택에 유리한 유전자 풀(gene pool, 어떤 생물집단 속에 있는 유전 정보의 총량—옮긴이)을 만들었다는 것이다. 또한 '대다수가 농부나 소작농이었던 다른 집단들과는 대조적으로, 그들은 높은 IQ가 경제적 성공을 강하게 뒷받침해주는 직업들을 가졌다.'거나 '박해를 통한 선별이 이루어졌다.'는 것 등도 이 논문의 또 다른 주장으로, 요점은 억압과 압제를 통해 결과적으로 가장 똑똑한 이들만 살아남았다는 것이다. 그러나 이 논문의 저자들은 다른 박해받은 민족에게서는 이러한 결과가 나타나지 않는 만큼, 그런 과정이 어떻게 이루어졌는지는 자신들도 설명할 수 없다는 점을 분명히 해두고 있다.

나는 무엇보다도 과학 연구에 어떻게 이런 어림짐작을 포함시킬 수 있는지 가장 의아하다. 상업과 관련된 직업들에 고도의 지적 능력이 필

프리카에서는 그런 것을 한 번도 본 일이 없습니다. 아프리카에서는 취미를 가진 사람을 본 일이 없어요. 그들은 다릅니다." 논문 심사를 받고 세상에 공개된 과학 연구들은 원칙적으로는 저자 개인의 견해와는 독립적으로 간주하는게 맞다. DNA의 이중나선 구조는 끊임없이 쏟아지는 제임스 왓슨의 인종차별적 발언과 무관하게 여전히 사실이다. 그러나 연구 주제의 선택이 연구자의 정치적 견해에 영향을 받는다는 사실은 부정할 수 없으며, 리처드 린의 과학적으로도 정치적으로도 미심쩍은 작업들과 마찬가지로, 하펜딩 역시 인종차별적 관점을 표출함으로써 본인의 연구 주제에 대한 중립성을 전혀 지키지 못했다.

요하다는 주장에 첨언하자면, 나는 사업에서의 성공이 현저히 높은 지능과 관련이 있다는 강력한 증거를 알지 못한다. 코크란 외 이 논문의 저자들은 대금업과 그밖에 흔히 유대인의 전유물로 여겨지는 사업들을 "인지적으로 난이도가 높은 직업"이라고 표현하며, "아시케나지 유대인의 직업에는 너무나 명확하게 회계 기술과 관리 기술이 요구된다."고 적고 있다. 이런 것을 근거로 제시한다는 것 역시 내가 보기에는 굉장히 허술하다. 중세의 대금업은 전혀 고도의 지적 능력을 요하는 일이 아니었고, 그 시대의 뇌수술 같은 것은 더더욱 아니었다.

그들은 또한 '지능을 높였을 수도 있는 생리학적 효과들'과 특정 생물학적 요소들도 언급한다. 2006년에 우리는 신경과학에 대해서, 그리고 세포 내 생화학이 사고 및 행동과 어떻게 연관되는지에 대해서 지금처럼 알지 못했지만, 그러나 그 정도까지 모르는 건 아니었다. 신경과학이 활발하게 연구가 이루어지는 분야이기는 하지만, 사실 우리는 아직 뉴런의 성장과 연결이 인지능력과 어떻게 연관되는지를 거의 알지 못한다. 만일 유전학이 당혹스러울 만큼 복잡한 분야라는 내 말에 수긍이 된다면, 그것을 물리적 뇌의 발달에, 그리고 '생각'이라는 것의 난해한 성질에도 적용해보라. 그러면 과학 분야의 거대한 미개척지에 맞닥뜨리게 될 것이다. 아마도 일부 질병 유전자들이 뉴런의 성장에 특정한 영향을 주며, 그것이 IQ 증진과 이어진다고도 볼 수 있을 것이다. 그러나 이것은 신경의 발달에 대한 극도로 단순화된 관점에 지나지 않는다.

사실 이와 같은 신경생화학적인 추측은 하나의 변명일 뿐이었다. 그들이 말하고자 했던 핵심은 아시케나지 유대인 내에서 특정 질병들이 높은 비율로 나타난다는 점이었다. 그런 질병들로는 테이-삭스Tay-Sachs병, 고셰Gaucher병, 니만-픽Niemann-Pick병 등이 있다.[24]

이런 질병들의 모델은 수명을 단축시키는 끔찍한 질병인 겸상 적혈구 빈혈증의 경우와 동일하다. 겸상 적혈구 빈혈증은 열성 유전되는데, 이 병에 걸리려면 변형된 유전자의 두 가지 사본을 (부모로부터 하나씩) 물려받아야 한다는 뜻이다. 변형된 유전자의 사본을 하나만 물려받는 경우를 겸상 적혈구 형질(sickle cell trait)이라고 하며, 이것은 겸상 적혈구 빈혈증만큼 심각하지는 않지만, 일부 비슷한 증상들을 보이는 질병이다. 이 병은 흑인들에게만 나타나는 것으로 많이들 생각하며, 따라서 생물학이 인종을 증명해주는 예시라고 여겨진다. 그러나 그것은 사실이 아니다. 겸상 적혈구 형질은 말라리아 감염을 막아주는 역할을 하지만, 그 보호의 대가로 발생하는 끔찍한 질병이다. 이 질병은 말라리아와 함께 진화한 것이기 때문에 민족이 아니라 말라리아 분포 지역과 겹친다. 이 병은 실제로 최근 세대에 아프리카 혈통을 둔 사람들에게서 흔하게 나타나지만, 다만 이것은 아프리카 중앙부의 말라리아 지대와 겹치는 지역의 혈통에만 해당한다. 마찬가지로 겸상 적혈구 빈혈증 및 형질은 그

---

24 테이-삭스병은 신경세포의 사망으로 이어지는 중증 질환으로, 기기나 구르기를 하지 못하는 등 아기들의 신체 능력 상실, 청력 상실 등을 유발하고, 유아 사망으로 이어지는 경우도 많다. 고셰병은 치명적이지는 않지만 뼈의 이상, 심한 경련, 지적 장애 외 여러 증상들을 유발하는 복잡한 질병이다. 니만-픽병 역시 중증 질환으로 비틀거리며 걷기(운동실조), 불분명한 발음(구음장애), 삼키기 곤란 등 여러 가지 신경근육 문제를 유발한다.

리스와 터키, 중동, 인도 등지에서도 높게 나타나는데, 이 역시 말라리아 지역과 일치한다.

코크란 외 이 저자들은, 지적인 기량과 관련된 유전자 선택이 이루어진 대가로 뇌에 심각한 영향을 줄 수 있는 몇몇 질병의 유병률이 높아졌다고 주장한다. 이런 질병이 거의 보이지 않는 집단에서도 이런 질병 유전자의 빈도수가 상당히 높게 나타기 때문에, 이러한 유전자 변이들이 높은 지적 능력의 유전적 근거라는 것이다.

그들은 여기서 한 발 더 나아가, 이른바 유대인들의 질병은 리소좀 축적이라는 특정 형태의 생화학과 관련된다고 주장한다. 테이-삭스병은 3세가량의 아이들에게 치명적인 질병으로, 급속한 신경 퇴화를 유발한다. 이 병은 유대인 가족 내에서 처음 확인되었고, 유대인들에만 국한된 것은 아니지만 그들에게서 높은 빈도로 일어났다. 그러나 이 질병은 고위험군 환자를 위한 전문가의 세심하고 헌신적인 조언(즉, 유전 상담)으로 완화되고 있으며, 그에 따라 유대인들에게서 이 질병 유전자의 빈도는 급속하게 줄고 있다. 니만-픽병은 보통 생후 18개월 전후로 치명적이며, 역시 신경계 퇴화를 유발한다. 니만-픽병에는 몇 가지 형태가 있는데, 그중 한 유형이 아시케나지 유대인에게서 가장 많이 나타난다. 고셰병은 훨씬 덜 심각한 병으로, 신경 계통에 경미하게 영향을 줄 수 있고, 유대인들에게만 국한된 것은 아니지만 그들에게서 비교적 흔하게 나타난다.

한편 다른 연구들은 질병 유전자들에 대한 유전자 선택이 일어났다는 징후는 전혀 발견하지 못했다. 대신 이러한 유전자들의 변이의 성질로 미루어 볼 때, 창시자 효과(founder event, 기존의 개체군에서 소수의 개체들이 떨어져 나와 새로운 종을 형성하여 새로운 개체군이 되는 것—옮긴이)를 짐작해볼 수 있는데, 이것은 한 집단 내에서 새로운 돌연변이가 정착하는 현상을 가리키며, 특히 높은 근친혼 비율이 원인이 된다. 이것은 소규모 고립된 집단에서 흔하게 발생한다. 이러한 특정 유전 질환들이 지적 능력에 유익함을 가져다준다는 주장에 대해서는 아직 복잡한 찬반 논쟁이 이루어지고 있는 상태다. 각각의 연구들이 유전자 선택을 뒷받침하기도 하고 반박하기도 하며, DNA에서의 변화는 유익하지도 해롭지도 않다고 보는 중립적 부동(neutral drift), 창시자 효과, 유전적 병목 현상 등 이것을 설명하려는 여러 개념이 있기 때문이다. 코크란 외 저자들은 뉴런이나 수상돌기의 성장 촉진에 관여하는 다른 유전자나 DNA가 있으며, 뉴런이나 수상돌기가 뻗어나가 다른 뇌 세포와 연결될 가능성도 암시했다.

그들이 논문을 쓸 당시에는 이 점을 알지 못했지만, 이제 우리는 지적 능력과 연관되는 유전자들이 무수히 많으며, 마치 거대한 스크린의 픽셀들처럼 매우 작지만 누적된 효과를 낳는다는 것을 알고 있다. 지금까지 밝혀진 유전자들 중에서(그리고 우리가 이러한 유전자들이 중요하다는 것을 알기는 하지만, 우리는 그것들이 어떤 기능을 하는지는 모르며, 따라서 '왜' 중요한지도 알지 못한다는 점을 기억하자.) 상당수가 뇌에서 표현되며(사실 수천 개의 유전자들이 그렇듯이), 따라서 아마 지적인 능력에도 직접적인 영향을 미칠 것이다. 우리에게는 현재 수백 개의 GWAS 결과들과 수천 개의 유전자들이 들어있는 데이터베이스가 있다. 우리는 하나의 유전자를 골라서, 그 유전자가 키나 도덕성, 뼈는 물론 인지 능력과 신경 관련 부분까지 수십 가지 특질들 중 어떤 한 특질과 연관되는지를 보여주는 연구를 그 데이터베이스에서 찾아볼 수 있다. 나는 코크란 외 저자들이 유대인 의 명석함의 원인일 수 있다고 주장한 질병 유전자들이 정말로 있는지 이 글을 쓰고 있는 현 시점의 데이터베이스를 확인해보았다. 결과는? 그 런 유전자는 단 하나도 없었다.

짐작은 때로 과학의 중요한 한 부분이다. 어떤 견해에 대한 설명을 상 상 속에서 완성시켜보는 것은 그것을 설명해 줄 데이터가 없는 상황에 서 과학적 질문을 날카롭게 벼리는 생산적인 방법일 수 있다. 그러나 이 경우는 아니다. 이 한편의 논문은 어마어마한 반향을 가져왔으며, 계속 해서 영향력을 미치고 여러 논의를 낳고 있다. 이 논문은 당시 《뉴욕타 임즈New York Times》 과학 편집자였던 니콜라스 웨이드Nicholas Wade 가 수많은 기사들로 옹호했고, 그는 자신의 책에서까지 이 관점을 지지 했다. 그 책은 유전학계에서는 오류투성이에 보기에만 그럴싸하다고 대 체로 조롱받았지만, 인종차별주의자들에게는 환영을 받았다. 유명 심리 학자인 조던 피터슨Jordan Peterson은 2019년 2월 지성적 분야에서 유 대인들이 압도적인 성공을 거두는 현상에 대한 글을 쓰면서, 코크란의 논문을 무비판적으로 인용했다.

나는 사람들이 가차 없는 과학적 정밀 검토에 반박도 잘 못하는 논란 투성이 연구를 왜 공개하는지 이해할 수 없다. 코크란의 연구는 정치적 올바름(political correctness)에 맞서 과학적 진실을 추구하고 있는 것 으로 보일지는 모르나, 그것은 정치적으로 읽힐 뿐, 사실도 아니고 과학 적으로 올바르지도 않은 것으로 보인다.

문화에 답이 있다

유대인의 불균등한 성공에 대한 마크 트웨인의 불편한 심기는 진심이었던 것 같은데, 만일 명석한 두뇌를 요구하는 문화적 영역에서 이런 것에 대한 생물학적 근거를 찾아본다면 수치는 더욱 믿기 힘들 정도다. 클래식 음악의 거장, 솔로 연주자, 지휘자, 정상급 오케스트라의 연주자들 중에는 유대인이 단연 많다. 위대한 바이올리니스트의 상당수도 유대인이어서 예후디 메뉴인Yehudi Menuhin, 이츠하크 펄만Itzhak Perlman, 아이작 스턴Isaac Stern, 야샤 하이페츠Jascha Heifetz 등이 있고, 이에 더해 펠릭스 멘델스존Felix Mendelssohn, 구스타프 말러Gustav Mahler, 아놀드 쇤베르크Arnold Schönberg, 레너드 번스타인Leonard Bernstein, 안드라스 쉬프Andras Schiff, 다니엘 바렌보임Daniel Barenboim 등 이 밖에도 수많은 연주자와 작곡가들이 있다. 음악적 재능은 단일한 측정치로 평가하기가 지능보다 더 어렵다. 물론 언제나 그렇듯 음악적 성취에도 유전적인 요소와 환경적인 요소들이 있겠지만 말이다. 그러나 숫자는 거짓말을 하지 않는다. 사실상 위대한 흑인 클래식 음악 작곡가는 단 한 명도 없으며, 정상급 오케스트라에도 흑인 단원들은 거의 없다.[25]

---

25 그러나 클래식 음악계에 유명한 여성 작곡가들도 거의 없음을 짚고 넘어가자. 위에서 열거한 음악인 목록에도 여성은 한 명도 없다. 유전적으로 보면, 흑인 남성과 백인 남성의 차이보다는 여성과 남성의 차이가 훨씬 더 크다. 우리는 이러한 부족을 Y 염색체 부재의 탓으로 돌릴 것인가? 아니면 여성들이 이런 위치를 점하도록 허용되지 않았다는 게 답일 가능성이 더 클까?

클래식 음악은 백인이 주도하고 있으며, 유대인들은 이 분야에서 압도적으로 성공을 거두고 있다. 그러나 재즈는 역사적으로 쭉 흑인 음악가들이 주도하고 있다. 재즈에는 오케스트라 음악과는 선천적으로 너무나 다른 뭔가가, 생물학적 차이로 접근해야만 하는 뭔가가 있는 것일까?

아니다. 분별력 있는 사람이라면 이런 주장을 하지 않는다. 그러나 흑인에게 선천적인 음악적 능력, 이른바 '타고난 리듬감'이 있다는 세간의 믿음이 있고, 따라서 스테레오타입도 그렇게 만들어진다. 선천적 재능이 DNA에 암호로 기록되어 있다는 이런 대중적인 주장은 아주 약한 장애물에도 걸려 넘어진다. 재즈는 힙합과 마찬가지로 부분적으로는 혁명적 하위문화로 출현한 음악 장르로서 당대에 만연했던 유럽 중심적 음악, 백인 미국인의 음악에서 떨어져 나오기 위한 저항적 시도였다. 재즈와 힙합은 대대적으로 인기를 끌었고 전환기들을 거치며 주류 문화가 되었지만, 둘 다 처음 만들어졌을 때부터 기득권자들에게 두려움의 대상이 되었고 위험한 것이라며 박해를 받았다. 주요 힙합 아티스트들과 색소 유전자 간의 매우 강력한 상관관계는 놀랍도록 쉽게 확인할 수 있다. 에미넴Eminem이 선전하고 있기는 하지만, 힙합은 여전히 흑인 아티스트들이 압도적으로 주도하고 있다. 우리는 흑인 래퍼들에게 GWAS 연구를 실시해서 아프리카계 미국인과 관련되는 유전자적 상관관계를 찾을 수도 있을 것이다. 그렇다면 유전자적으로 암호화된 음악적 소질이, 흑인들이 거의 없는 음악 양식이 아니라, 오직 그들이 우세를 보이는 음악 양식에서만 발휘된다고 보아야 하는가? 아니다. 음악적 소질과 민족 간의 유전자적 연관성은 입증된 바 없으며, 음악 양식에서 집단의 차이점은 문화적 현상일 뿐이기 때문이다.

모든 인간 행동은 유전자와 문화, 생물학과 역사의 복잡한 혼합물이다. 우리는 인류의 가장 세련되고 우아한 표현을 증진시켜주는 유전자에 진화적 선택이 있었다고 확신할 수 있을 만큼 유전학이나 인지능력에 대해 충분히 알지 못한다. 그런 방향으로 유도하는 유전자적 요인이 있을 수도 있지만, 현재의 데이터에 근거해서는 그렇게 볼 수 없고, 그러한 생각을 뒷받침할 증거도 거의 없다. 대신 자신은 오직 진실을 추구할 뿐이라고 주장하는 사람들에게는 끝없는 지지를 보낼 만큼 솔깃한 아이디어일 것이다. 내가 보기에, 이러한 주먹구구식 추측에 매달리는 것은 유대인이나 흑인 등 특정 민족에 관해서라기보다는 그러한 관점을 너무도 집요하게 고수하는 사람들에 대한 뭔가를 말해주는 것 같다. 일부 과학자들, 그리고 인종에 집착하는 이론가들은 실제로 인종차별주의자들이고, 또 다른 한편엔 그저 자신들이 음모론적인 다수에 의해 묵살된 비밀스런 지식을 파헤쳤다고 굳게 믿는 반골기질이나 회의론자인 사람들이 있다.

아시케나지 유대인들에게서 특정 뇌질환이 자주 나타난다는 사실이 뇌 기능을 증진하는 유전자를 많이 만들어냈을 수 있다는 주장은 그들만의 추측이며, 현재 우리가 가진 데이터로서는 인정되지 않는 주장이다. '박해를 통해 걸러졌다'는 것 또한 그저 영양가 없는 짐작일 뿐이며, 제대로 된 과학적 논문에는 전혀 등장하지 않는다. 이런 것들은 이른바 적응주의(adaptationism)[26]라는, 한층 세련된 형태의 진화적 범죄다. 즉, 자연 선택이 우연히 일어난 것이거나, 긍정적이지도 부정적이지도 않으며 그저 어쩌다 발생한 과정이 아니라, 특정 인간 행동의 원인이라는 가정 말이다. 게놈 시대에 사는 우리는 게놈 중에서 유전자 선택이 일어나는 부분들을 실제로 볼 수 있는데, 집단에만 한정적으로 나타나는 돌연변이들이 있다. 이것은 지역적 환경에 대한 적응의 일환으로 특정 유전자의 양성선택(positive selection, 생물 집단 내에서 세대에 걸쳐 유전자의 빈도가 점점 높아지는 것—옮긴이)이 일어났다는 것을 보여주는 것이다. 색소, 특정 식이, (말라리아 등) 질병에 대한 내성, 그리고 여타 다른 특질들은 인류가 세상에서 살아남을 수 있었던 이유이기도 한 지역적 적응을 보여준다. 적응주의는 많은 경우 검증 불가능한 가설로 귀결되는 오류지만, 피상적으로는 설득력 있게 들리기 때문에 흥미를 끈다. 흑인들이 노예 시절의 유전자 선택으로 인해 단거리 달리기에 뛰어나다거나, 유대인들이 박해받은 역사로 인해 뇌와 관련된 유전자들이 풍부해져서 지적으로 우수하다거나 하는 식이다.

유대인들에게서 지성과 관련한 유전자 선택이 일어났다는 증거는 빈약하다. 학문을 가치 있게 여기는 문화 때문에 학자들이 더 많이 배출되었을 것이라고 주장하는 게 과학적으로 더 간결하지 않을까? 예시바 Yeshivah(정통파 유대인들을 위한 학교—옮긴이)『탈무드』학문 전통에서는 지성에 방대한 가치를 부여하며, 이는 중세에 시작되어 오늘날까지 계속

---

26 '팡글로스주의(Panglossianism)'라고도 하는데, 이는 모든 것에는 이유가 있다고 믿는 볼테르의 캐릭터 '팡글로스 박사'를 따서 만들어진 용어다. 팡글로스는 코는 그 위에 안경을 올려놓으라고 그렇게 생긴 것이고, 우리에게 다리가 두 개인 이유는 다리가 두 개여야 바지를 입기에 적합하기 때문이고 믿는다.

되고, 분명 다른 집단에서는 전례가 없는 일이다. 사회가 장거리 달리기를 경제문화적 성공을 이루는 길로 인정하고, 이미 크게 성공한 달리기 선수들도 존재할 경우 많은 이들이 그 뒤를 따르는 것처럼 말이다.

진화적 역사가 학문적 성공과 상업적인 성공을 불러왔다는 것은 일견 긍정적인 속성으로 보이지만, 사실 이것은 반反유대주의의 오래된 대표적 표현이다. 그러나 그러한 주장에 따라오는 반유대주의 어구들은 몰역사적이기 그지없다. 대금업은 유대인들의 흔한 스테레오타입인데, 특히 셰익스피어Shakespeare의 샤일록Shylock(『베니스의 상인』에 나오는 유대인 고리대금업자—옮긴이) 때문에 더 그렇게 되었다. 그러나 사실 대금업은 유럽의 유대인 문화에서는 시공간적으로 극도로 제한된 거래였고, 15세기 말 즈음 유대인 집단 내에서 대거 사라졌다. 그런데도 코크란 외 저자들은 사업과 금융에 대한 감각이 유대인들의 뇌의 진화에 영향을 주었을 것이라는 '과학적' 추측을 하고 있다.

음산한 반유대주의의 물결이 대중들 사이에서 더욱더 퍼져가고 있다. 2019년에는 유럽 곳곳에서 유대인 무덤이 훼손되고 스와스티카(卍) 그라피티가 그려졌다는 소식을 언론에서 접할 수 있었다. 버지니아주 샬러츠빌의 백인 우월주의자들은 2018년 '유대인들은 우리를 밀어낼 수 없다.'고 외쳤다. 영국에서는 2019년 2월에 국회의원 일곱 명이 노동당에서 사임했는데, 지도부가 내부에 만연한 반유대주의에 잘 대처하지 못한 게 주요 원인이었다. 이것은 수많은 오랜 노동당 지지자들과 유대인들에게 핵심적인 이슈였다. 그해 12월 총선거에서 노동당은 80년만의 최대 표 차이로 졌다. 반유대주의는 권력층이라고 인식되는 대상을 향해 쏟아 붓는 인종적 편견의 한 형태일 뿐이고, 좌파적 사고에 그런 편견이 계속 존재하도록 부추기는 연료다. 이러한 기괴한 정치학 너머를 보면, 반유대주의라는 스테레오타입의 기저에는 권력과 부, 탐욕과 영향력이 (특히 미디어와 상업, 정치 부문에서) 불균등하게 분포되었다는 인식이 있다. 유대인이 진화적 근거로 지성 분야에서 성공을 거둔다고 보는 관점은 유대인들을 분리돼 있고, 다르며, 권력을 쥐고 있는 존재로 만드는 체계적이고 오래된 고정관념을 부추길 뿐이다. 유대인들의 불균등한 성공이 선천적인 것이고, 그들은 존재 자체가 그렇게 진화되었다고 주장하는 것은 그들을 적으로 간주하는 방법으로 이용될 수 있다. 그것을 유전병이라는 저주와 함께 따라오는 특질로 그리는 것은 전혀 과학적이지 않은 소설에 불과하다.

유전학, 인종, 지능. 이 세 가지 개념의 결합은 만족스러운 대답을 주지 못한다. 또한 유익한 정보를 주는 방식으로 연결되지도 않는다. 사람들에게서 보이는 유전적 다양성은 인종에 대한 대중의 설명과 들어맞지 않는다. IQ는 집단, 국가, 대륙에 따라 매우 다양하지만, 유전자를 통해서는 그런 차이들이 제대로 설명되지 않는다. 지능은 유전되는 것이지만, 인지적 수행능력의 기저를 이루는 유전학에 대해서 우리가 아는 바는 빈약하다. 집단들 간에 우리가 측정할 수 있는 유전자적 차이들이 있지만, 우리는 그런 차이들이 어떤 역할을 하는지 알지 못한다. 지금까지 우리의 연구에 따르면, 이러한 차이들은 특정한 표현형보다는 각기 다른 혈통적 역사를 반영한다.

이것은 자유주의적인 감성이 아니다. 그저 과학적으로 면밀하게 검토해볼 때 데이터가 말해주는 것일 뿐이다. 과학은 언제나 잠정적이며, 새로운 사실이 발견될 때마다 수정되기 마련이다. 아마도 미래에는 우리가 지금 개발 중인 훨씬 더 자세한 게놈 도구들로 인해 어떤 패턴들이 드러나겠지만, 인종과 유전학, 지능의 관계에 대한 우리의 현재의 지식으로서는 드라마틱한 반전이 일어날 가능성은 극히 적어 보인다.

유전학자가 유전자의 중요성을 축소하려고 하다니 이상하게 보일지도 모르겠지만, 사실 우리는 우리 행동의 상당 부분을 '몸'이라는 하드웨어에서 '문화'라는 소프트웨어로 이양한 사회적 존재들이고, 우리의 지능보다 이 점이 더 명백하게 드러나는 곳은 없다. 밝혀지기를 기다리는 숨겨진 진실, 유전학자들이 함구하고 있는 대단한 음모론 같은 것은 없다. 사람들은 각기 다른 선천적 능력과 잠재력을 가지고 다 다르게 태어난다. 이런 능력들이 한 집단 내에서, 혹은 집단들 사이에서 어떻게 나타나는지는 기초 생물학으로, 유전학으로 쉽게 설명될 수 있는 것이 아니다. 오히려 데이터를 끝까지 파고들어가 보면 대답은 DNA가 아니라 문화 속에 있다.

결론과

요약

우리는 우리의 세포 안에 암호화된 차이점들을 가지고 태어난다. 사람들은 다르게 태어나며, 생김새도 다르고, 행동도 다르다. 우리에게는 DNA에 기록된 선천적 특징들이 있다. 이러한 차이점은 사람마다, 그리고 집단들 사이에 다양하다. 그러나 지금까지 살펴보았듯이 우리가 일반적으로 인종에 대해 말하는 바는 이처럼 사람들과 집단들 사이의 선천적 차이점에 대해 우리가 아는 바와 일치하지 않는다. 유전학과 인간 진화의 역사는 전통적인, 혹은 일상생활에서 통용되는 인종 개념을 뒷받침하지 않는다. 요점을 정리해보면 아래와 같다.

■ 인간의 다양성은 사실이다. 우리의 진화적 과거에서 발생한 지역적 적응이 현재 여러 집단에서 나타나는 신체적 차이의 상당 부분을 야기했지만, 이것이 모든 차이에 해당되지는 않는다.

■ 피부색이 인종의 주요한 분류 기준이 된 것은 역사적인 유사과학에 근거한 것으로, 이는 주로 유럽 제국주의 및 식민주의 확장 시기에 만들어졌다.

■ 인종의 주요 신체적 특징들은 사람들과 집단들 간의 전체적인 유사성이나 차이점을 대변하지 못한다.

■ 우리는 표본 유전자들을 근거로 사람들과 집단들을 큰 지리적 범주로 묶을 수 있지만, 그 경계들은 흐릿하며 연속적이다.

■ 인종적 순수성이라는 개념은 몰역사적인 유사과학이다. 사람들은 대단히 열정적으로 이동하고 재생산하며, 서로 분리되어 있던 상이한 집단들 간의 혼합은 늘 일어난다. 인간이 이렇게 성공적으로 살아남

은 이유가 바로 그것이다.

- 집단들 간의 유전적 차이점은 그러한 집단들 간의 학문적 수행능력, 지성적 수행능력, 음악적 수행능력, 스포츠 수행능력에서의 차이점을 설명하지 못한다.
- 인종은 사회적 구성물이다. 이것은 인종이 무효하거나 중요하지 않다는 뜻이 아니다. 인간은 사회적 동물이며, 우리가 서로를 인식하는 방식은 굉장히 중요하다. 다만 현재 일상적으로 사용되는 인종이라는 개념은 우리의 기초 생물학, 즉 유전학과 진화적 지식이 뒷받침해주지 않는 것이다.

나는 전에 초심리학자, 그러니까 이른바 초자연적 현상들을 과학적으로 설명해주는 일을 하는 사람을 인터뷰한 적이 있다. 그는 겁에 질린 의뢰인들의 요청을 받고 폐가나 여타 으스스한 곳들을 다니며 귀신을 찾아내는 일을 다년간 해오고 있었다. 그 긴 세월동안 그는 귀신을 본 적이 한 번도 없었다. 나는 그가 언제 작업을 마치는지, 즉 '샅샅이 다 찾아봤는데, 귀신의 존재에 대한 증거는 전혀 찾지 못했다.'라고 언제 말하는지가 내심 궁금했다. 이와 비슷하게, 생물학적으로 유의미한 인종적 분류 체계를 찾으려고 혈안이 된 것 같은 과학자들이 있다. 물론 그런 허깨비는 존재하지 않는다. 사람들은 다 다르며, 대체로 전반적인 차이점은 지리적으로 분포되어 있다. 과학자로서 우리는 늘 열린 마음을 갖고 있어야 한다. 모든 결과는 조건적이며, 데이터가 더 많아질수록 모든 것은 바뀔 수 있기 때문이다.

인종적 차이들에 대해 생물학적 근거를 찾으려고 집착하는 사람들은 과학보다는 인종차별주의에 더 관심 있는 것으로 보인다. 온라인 소셜 미디어에서의 논쟁들은 유전적 차이, 혹은 행동적 차이가 인종 범주의 증거라는 것을 입증하는 게 삶의 목표인 사람들을 끌어들이는 것 같다. 이들은 적대감으로 힘이 나는 사람들이다. 이런 광경을 보고 있기는 참 어렵다. 과학자들 대다수가 이미 오래 전에 인종의 과학적 타당성을 폐기했고, 그 결과 유전학 내에서는 특별히 인종이라는 문제를 연구하는 학자들이 거의 없기 때문이다. 그 분야에 남아 있는 이들은 마치 우리가 이데올로기라는 이유로 억압하는 비밀스런 지식을 자신들이 갖고 있기라도 한 듯이 집착하는 이들 뿐이다.

이것은 내 경험이 아니다. 과학은 기존의 것들을 전복하려고 끊임없이 노력하는, 본질적으로 혁명적인 과정이다. 그러나 이것은 또한 지극히 보수적인 혁명이기도 한데, 현재의 지식을 조금씩 깎아내면서 서서히 앞으로 나아가기 때문이다. 우리는 인종과 유전학에 관한 거대한 깨달음을 기다리고 있지 않다. 이미 밝혀진 사실들이 우리가 전 세계 인간 다양성에서 보는 것들의 상당 부분을 말해주기 때문이다. 물리학의 경우, 우주 대부분의 구조는 알려져 있지 않으며, 앞으로 몇 년 후에 암흑물질(Dark Matter, 우주에 존재하지만 중력을 통해서만 인식되며 아직 실체가 밝혀지지 않은 물질—옮긴이)이 발견되면 우리의 우주는 뒤흔들릴 것이다. 하지만 인간의 생물학적 성질에 대해 남아있는 수백만 가지 질문들 중에서, 인종은 딱히 도드라지는 문제가 아니다. 그런데도 인종은 정치, 사람들, 역사와 권력이라는 사회적인 의미 때문에, 여전히 우리 시대의 중요한 주제가 된다.

　과학은 원칙적으로 편견에서 자유로워야 하며, 우리는 개인의 정치적 편견이 아니라 데이터에 의지해야 한다. 나는 정치적 올바름을 위해, 혹은 그저 내가 혼혈이라는 이유만으로 진짜 과학을 곡해한다는 비난을 수차례 받았다. 나는 나의 오랜 유전학 경력에서 발휘할 수 있는 최대한의 과학적 충실성을 유지하려 노력해왔고, 데이터를 뜯어보고 그게 무슨 의미인지를 범죄 과학 수사 수준으로 조목조목 분석하려고 해왔다. 나는 내가 정직하다고 믿으며, 내 연구의 동기는 과학을 위한 것임을 믿는다.

　그러나 누구도 완벽하지 않다. 데이터는 원칙적으로 중립적이어야 하지만, 그런 적은 사실 거의 없다는 점 역시 알아두어야 한다. 인간이 실험을 고안하고 데이터를 기록하고 분석하는 한, 과학은 노골적으로든 과학자 자신도 모르는 사이에든 편견이라는 흠이 묻기 십상이다. 우리가 사용하는 언어, 특히 유전학에서 쓰는 언어에는 때로 역사적으로 지속되어온 일상 차원의 인종차별주의가 은연중에 묻어나기도 하는데, 이것은 두 배로 위험하다. 우리는 우리가 접근할 수 있는 집단들로부터 데이터를 수집하고, 그러한 표본 집단들의 경계는 고려하지 못한 채 깔끔하긴 하지만 몰역사적인 분류를 강화하는 어휘들을 사용한다. 유럽인, 코카서스인, 그밖에 사람들이 스스로에게 정체성을 부여하기 위해 사용하는 용어들은 반드시 그 그룹 내의 혈통이나 유전적 다양성을 대변하지는 않는다. 그러나 우리는 이런 어휘들을 학술적 문헌에서 계속 수용하고 있으며, 그 결과 역사적으로 사용되어온 용어들이 강화되고, 왜곡의 가능성이 있는 결과까지도 강화된다. 과학은 순수하고 단순해야 하지만, 사람들은 그렇지 않다. 우리가 이런 질문들을 던질 때 우리의 뒤에는 수백 년의 역사가 있으며, 그 역사의 상당 부분은 우리에게 알려져 있지 않지만 어떤 식으로든 영향을 미치고 있다.

'우리는 거인의 어깨 위에서 더 멀리 볼 수 있다.'는 경구도 있듯이, 우리는 과학이 과거의 지식 위에 쌓아올린 노력이라는 사실을 감사하게 여긴다. 우리는 또한 역사나 우리가 발 딛고 서있는 어깨인 권력자들이 수세기에 걸쳐 유지시켜온 유사과학에 대해서도 알아차리고 있어야 한다. 왜냐하면 그런 생각들은 전 시대에 걸쳐 스며들었고, 그것이 얼마나 불쾌하고 구시대적이며 부조리한지와 무관하게 오늘날까지도 과학과 사회 안에서 지속되고 있기 때문이다. 흥미로운 아이러니는 인류 유전학이라는 과학 자체가 인종차별주의 시대에 인종차별주의자들에 의해 만들어진 것인 한편, 특이하게도 인종의 과학적 오류를 입증해 보이고 있는 분야가 되었다는 것이다. 그 결과 인종차별주의의 근거는 과학에서 도출될 수 없게 되었다.

내가 인종이 사람을 분류하는 데 생물학적으로 유용한 방법이 아니라는 생각을 하게 된 것은 증거들 때문이다. 동시에 나는 신체적 특질에서든 행동적 특질에서든 사람들의 차이에 대해 인식하고 있으며, 이러한 차이점들이 흥미롭다는 것도 잘 알고 있다. 그런 차이들은 우리의 역사와 기초 생물학, 우리의 문화에 대해 말해준다. 자연과 양육을 구분해내는 것은 쉬운 일이 아니다. DNA에 들어있는 데이터를 깊이 파고들어갈수록 우리는 생물학적 유전의 양식과, 그것이 표현되는 환경이라는 요인 간의 관계가 얼마나 복잡한지를 더 잘 느끼게 된다. 그러나 수많은 증거들이 분명히 보여주는 것은, 실제의 인간 다양성은 일상에서 통용되는 전통적인 인종 개념과는 상응하지 않는다는 것이다.

과학자들은 보통 순수한 것이 됐든 저열한 것이 됐든, 자신들의 데이터에 대해 정치적 견해를 표현하고 싶어하지 않는다. 나는 질문을 던질 수 있는 절대적인 학문적 자유를 신봉한다. 과학적 탐구에서 검열받아야 하는 주제나 질문은 없다고 생각한다. 생물학적 차이에 대한 연구들은 때로 논란이 되며, 어쩌면 개중에는 정치적 역풍이 두려워 이런 질문들을 피하는 연구자들도 있을 수 있다. 연구의 질은 다양하며, 이제 누구나 방대한 DNA 자료를 활용할 수 있게 되었기 때문에 인지 능력에 관한 새로운 연구들의 경우는 더욱 다양한 수준의 연구들이 나오고 있다. 통계적 근거가 빈약하며, 결론을 뒷받침하기에 불충분한 규모의 표본으로부터 결론을 이끌어내기도 한다. 때로는 어떤 과학적 질문을 살펴보는 데 잘못된 도구가 활용되기도 한다. 형편없는 과학을 비판하는 것은 대개 그것과 관계없는 본인 연구를 하느라 바쁜 다른 과학자들의 몫이 되고, 한편으로 인터넷 때문에 다양한 수준과 질의 내용들이 순식간에 누구에게나 퍼지는 것이 가능해졌다. 이런 것들이 우리가 마주해야 할 새로운 영역들이다.

그러나 과학자들은 우리 사회에 스며있는 구조적 인종차별주의라는 틀 안에서 톱니 하나에 불과하다. 인종의 생물학적 토대를 계속해서 찾아내려는 소수의 비주류 연구자들, 그리고 백인 우월주의라는 형태의 변방의 극단주의자들은 맞서 싸울 가치가 있는 적들이다. 그들의 목소리는 더 광범위한 대중들 사이에서 인종차별주의적인 태도를 표준화하는 결과를 낳을 수 있기 때문이다. 편견은 인간 조건의 자연스러운 일부이니 만큼, 인종이라는 생물학의 기반을 약화하는 과학은 상당 부분 당신의 경험에 반대되는 것으로 보일 수 있다. 우리 문화 속에 오래 전부터 굳어있는 온갖 편견들을 가지고 있다면 말이다.

유전학과 족보학에 대한 오해는 인종차별주의를 강화하는 연료다. 이것은 유독 생물학 과학 분야에서만 나타나는 문제다. 물리학자가 쿼크 quark의 작용에 대해, 그리고 그것이 물질의 기본 구조와 어떻게 연관되는지에 대해 말한다면, 당신은 그 말의 상당부분을 신뢰하며 받아들여야 할 것이다. 왜냐하면 양자 물리학의 복잡성은 몇몇 전문가들을 제외하고는 모두에게 불가해하며, 당신의 개인적 경험과는 사실 거의 관계가 없기 때문이다. 게다가 무슨 이유로 의심을 하겠는가? 물질이나 시공간의 성질을 설명하는 데 정치적 동기나 편견은 없다.

그러나 인류 유전학은 바로 우리다. 우리의 감각, 우리의 경험, 그리고 우리의 문화가 있기에 우리는 동료 인간들에 대해 생각하게 된다. 물론 인종과 관련한 편견에는 진화적이고 심리학적인 이유도 있을 것이다. 가령 우리를 죽이고 약탈해가려는 침입자들로부터 우리 스스로와 친족을 보호하기 위해서라든지 말이다. 그리고 인간 다양성과 인종에 대한 논의의 기저에는 분명 정치적 동기들도 깔려 있다. 당신은 자신과 다른 혈통적 계보를 가진 사람들의 잠재적 성공을 박해하거나 억압하려는 의도를 가진 인종차별주의자일 수 있다. 당신은 평등을 증진하고 싶어하는, 그래서 제대로 이해될 수 있는 것이 왜곡되어도 눈감아주는 진보주의자일 수도 있다.

혹은 당신은 그저 자신이 가진 편견을 아무렇지 않게 확신함으로써 인종차별적 관점들에 힘을 실어주는 사람일 수도 있다. 피부색에, 혹은 ACTN3 같은 개별적 유전자 하나에, 혹은 IQ 같은 하나의 기준 등 어떤 특정한 표현형에 집착하면서, 의식적으로든 무의식적으로든 거기에 자신의 모든 편견을 거는 게 현실을 더 깊이 정밀 검토해보는 것보다 쉽다. 노예제에서 타고난 운동선수들이 태어났다는 '상식'적인 주장을 하는 게, 생활사와 진화, 유전학이 대단히 복잡한 분야라는 것을 인정하는 것보다 더 쉽다. 그리고 새로운 유전학 기법을 이용해 저열한 스테레오타입을 강화하는 데이터 속의 패턴을 발견하는 게, 극도로 어려운 통계학을 적용해 그것들이 유의미하지 않다는 것을 보여주는 것보다 단연코 더 쉽다. 이런 지긋지긋한 함정들은 전부 과학에 바탕을 두고 있는 과학적 악습이지만, 사실 인종의 근거를 생물학에서 찾는 데 집착하지 않는 사람들도 흔히 갖고 있는 관점들이다.

스포츠, 지능, 음악적 재능, 피부색 등 어떤 기준에 의해서든 관찰되는 차이들은 과학적 탐구의 종착점이 아니라 '시작'을 의미한다. 좋은 과학은 대체로 우리의 견해를 확장시키고, 대상에 대한 우리의 인식이 아니라 대상의 진상을 규명해주며, 진실을 단언하기보다는 진실 쪽으로 향하게 한다. 이것이 바로 '과학적 인종주의'나 '인종 과학'이라는 용어가 둘 다 부적절한 이유다. 이런 것은 유사과학의 영역이다. 현대 유전학이 말해주는 것들은 유사과학이 우리 사회의 틈새로 더 깊이 스며들어 우리 삶에 더 많은 균열을 내지 않도록 막는 데 필수적이다.

우리 모두는 어디서든 인종차별주의를 발견하거든 거기에 맞서야 한다. 특히 그것이 스테레오타입이나 속설 속에 은근하게 숨어있거나 정상인 것처럼 간주될 때 과학은 그런 대결에서 무기가 된다. 학자이자 정치운동가인 안젤라 데이비스Angela Davis는 "인종차별주의의 사회에서는 비非인종차별주의자가 되는 것으로는 충분하지 않다. 우리는 반反인종차별주의자가 되어야 한다."라고 말했다.

인종차별주의가 단순히 과학적으로 그럴싸하지만 그릇된 사상에 기반하고 있기 때문에 틀렸다는 것은 아니다. 인종차별주의는 인간의 존엄을 모독하는 것이기 때문에 틀렸다. 사람들의 권리와 개개인이 그저 사람으로 존재한다는 이유만으로 받아 마땅한 존중은 생물학에 입각한 것이 아니다. 그것은 인권이다. 가정해보자. 만일 집단들 간에 아직 우리가 발견하지 못한 유전적 차이가 있고, 그게 정말로 인종에 대한 대중적 정의와 맞아떨어진다면, 우리가 그것을 아직 발견하지 못했다는 사실은 그것이 기껏해야 극소량이라는 뜻이다. 그러한 차이가 사실이라면 (그리고 그게 사실이라는 증거가 없다면), 그게 우리가 서로를 대하는 방식에 어떤 영향을 줄까? 만일 인종이라는 용어의 대중적 사용에 부합하는 유전적 차이가 있고, 그런 것들이 능력에서의 차이도 설명해준다는 것이 입증된다면, 그것이 차별을 정당화해줄까? 당신은 어떤 사람들이 혈통적으로 더 빠르거나, 더 똑똑하거나, 더 강하다고 해서 그들에게 다른 권리를 부여할 것인가?

개인들 간에, 그리고 집단들 간에 존재한다고 가정된 차이점들은 우리의 짧은 역사상 가장 잔인한 행위들을 정당화하는 데 쓰였다. 학습된 편견은 더 극심한 편견을 부추기고, 단언컨대 이것은 계속될 것이다. 우리가 생물학적 다양성이라는 현실을 탐구하고 연구하는 것은 그것을 이해하고, 그것의 악영향을 약화하기 위한 것이다.

인종은 우리가 인식하기 때문에 실재한다. 인종차별주의는 우리가 그렇게 행동하기 때문에 실재한다. 인종도 인종차별주의도 과학에 토대를 둔 것이 아니다. 과학적 연구의 왜곡에 이의를 제기하는 것이 우리의 임무이며, 특히 그것이 편견을 정당화하는 데 쓰이는 경우라면 더욱 그러하다. 만일 당신이 인종차별주의자라면, 당신은 싸움을 신청하고 있는 것이다. 그러나 과학은 당신이 아니라 내 편이며, 당신의 싸움은 나와의 싸움일 뿐 아니라, 현실 전체와의 싸움이다.

감사의 말

아래 적는 이름들은 내 초고를 직접 읽고 소감을 말해주거나, 혹은 그저 본인들의 작업을 통해 내가 내 생각을 표현하도록 도와준 이들이 다. 한분 한분 모두에게 감사드린다. 이 책은 그분들의 것이며, 오류가 있 다면 그건 모두 내 몫이다. 앤드류 처쿠에메카, 캐롤라인 크리아도 페레 즈, 캐롤라인 도즈 페녹, 사이먼 피셔, 해너 프라이, 알렉스 갈랜드, 벤 개럿, 나탈리 헤인즈, 니나 자블론스키, 스티브 질과 엘리트 U12 올드 앨리니언스(Elite U12 Old Alleynians) 코칭 팀, 그렉 제너, 스티브 존스, 데비 켄넷, 트레이시 킹, 데이비드 라미, 알렉스 라스브리지, 티나 나시 시, 네이선 렌츠, 헬렌 루이스, 애너 폴라 로이드, 윌리엄 매튜, 이퍼 맥 라이시스, 엘스페스 메리-프라이스, 케빈 미첼, 데이비드 올루소가, 아 론 파노프스키, 로버트 플로민, 대니얼 포스투마, 데이비드 라이히, 스튜 어트 리치, 아난다 러더포드, 데이비드 러더포드, 에일린 스캘리, 프란체 스카 스타브라카풀루, 아드리안 팀슨, 캐서린 타운젠드, 투팍 샤커, 루 시 반 도프, 팀 위트마시와 알룬 윌리엄스. 특히 친절하게 내 원고를 검 토해주고 메스처럼 날카로운 평을 해준 제니퍼 라프, 유언 버니, 그래엄 쿠프, 마크 토머스, 제다다이아 칼슨, 앨리스 로버트와 매튜 코브에게 특 별한 감사를 전한다. 그리고 언제나처럼 근본적으로 내가 글을 쓸 수 있 게 해주는 사람들, 내 삶에 즐거움을 주는, 나와 같은 성씨를 쓰는 사람들, 조지아, 베아트리스, 제이크와 주노에게도 깊은 고마움을 전한다.

책표지에는 내 이름만 적혀있지만, 이 책은 헌신적인 편집자와 디자이너, 에이전트, 그 외 여러 친구들의 협동의 산물이다. 나의 편집 팀과 함께 일한 것은 즐거움이었다. 그들은 사려 깊은 생각들과 토론, 의논, 공들인 편집을 통해 내 글을 훨씬 더 좋게 만들어주었다. 장클로&네스빗 에이전시와 바이덴펠트&니콜슨 출판사의 윌리엄 프랜시스, 버지니아 울스텐크로프트, 케이트 데이비스, 조 위트포드, 케이트 모턴, 홀리 할리, 그리고 무엇보다 코끼리 상아처럼 씩씩하고 당당한 제니 로드에게 고마움을 전한다.

참고 문헌

Kehinde Andrews, "From the 'Bad Nigger' to the 'Good Nigga': An unintended legacy of the Black Power movement", RACE and Class 55(3), pp. 22 ~ 37. (24 October 2013).

G. I. Ash et al., "No association between ACE gene variation and endurance athlete status in Ethiopians", Medicine and Science in Sports and Exercise 43(4), pp. 590 ~ 597. (April 2011).

Gaurav Bhatia et al., "Genome-wide Scan of 29,141 African Americans Finds No Evidence of Directional Selection since Admixture", American Journal of Human Genetics 95(4), pp. 437 ~ 444. (October 2014).

Gregory Cochran et al., "Natural history of Ashkenazi intelligence", Journal of Biosocial Science (first published online 2005) 00, pp. 1 ~ 35. (June 2005), archived 38(5), pp. 659 ~ 693. (September 2006).

Nicholas G. Crawford et al., "Loci associated with skin pigmentation identified in African populations", Science 358(6365), eaan8433. (17 November 2017).

Lucy van Dorp et al., "Evidence for a common origin of blacksmiths and cultivators in the Ethiopian Ari within the last 4500 years: Lessons for clustering-based inference", PlosGenetics 11(8), e1005397. (20 August 2015).

Lucy van Dorp et al., "Genetic legacy of state centralization in the Kuba Kingdom of the Democratic Republic of the Congo", Proceedings of the National Academy of Sciences 116(2), pp. 593 ~ 598. (8 January 2019).

Cedric Dover, "The racial philosophy of Johann Herder", British Journal of Sociology 3(2), pp. 124 ~ 133. (June 1952).

Michael D. Edge and Graham Coop, "Reconstructing the history of polygenic scores using coalescent trees", Genetics 211(1), pp. 235 ~ 262. (January 2019).

Shaohua Fan et al., "Going global by adapting local: A review of recent human adaptation", Science 354(6308), pp. 54 ~ 59. (7 October 2016).

G. Gayagay et al., "Elite endurance athletes and the ACE I allele – The role of genes in athletic performance", Human Genetics 103(1), pp. 48 ~ 50. (August 1998).

Agnar Helgason et al., "A populationwide coalescent analysis of Icelandic matrilineal and patrilineal genealogies: Evidence for a faster evolutionary rate of mtDNA lineages than Y chromosomes", American Journal of Human Genetics 72(6), pp. 1370 ~ 1388. (June 2003).

Matthew W. Hughey & Devon R. Goss, "A Level Playing Field? Media Constructions of Athletics, Genetics, and RACE", The ANNALS of the American Academy of Political and

Social Science, 661(1), pp. 182~211. (10 August 2015).

Nathan R. Kuncel and Sarah A. Hezlett, "Fact and fiction in cognitive ability testing for admissions and hiring decisions", Current Directions in Psychological Science 19(6), pp. 339~345. (14 December 2010).

Richard Lapchick with Angelica Guiao, "The 2015 Racial and Gender Report Card: National Basketball Association", report by The Institute for Diversity and Ethics in Sport (TIDES), pp. 1~44. (1 July 2015).

Fang Ma et al., "The association of sport performance with ACE and ACTN3 genetic polymorphisms: A systematic review and meta-analysis", Plos ONE 8(1), e0054685. (24 January 2013).

Alicia R. Martin et al., "Human demographic history impacts genetic risk prediction across diverse populations", American Journal of Human Genetics 100(4), pp. 635~649. (6 April 2017).

Alicia R. Martin et al., "An unexpectedly complex architecture for skin pigmentation in Africans", Cell 171(6), pp. 1340~1353. (30 November 2017).

Aaron Panofsky and Joan Donovan, "Genetic ancestry testing among white nationalists: From Identity repair to citizen science", pp. 653~681. (2 July 2019).

Etienne Patin et al., "Dispersals and genetic adaptation of Bantu-speaking populations in Africa and North America", Science 356(6337), pp. 543~546. (May 2017).

Jordan Peterson, "On the so-called Jewish question", https://jordanbpeterson.com/psychology/on-the-so-called-jewish-question/

Craig Pickering and John Kiely, "ACTN3: More than just a gene for speed", Frontiers in Physiology 8, pp. 1080. (18 December 2017).

Joseph K. Pickrell and David Reich, "Toward a new history and geography of human genes informed by ancient DNA", Trends in Genetics 30(9), pp. 377~389. (September 2014).

Tinca J. C. Polderman et al., "Meta-analysis of the heritability of human traits based on fifty years of twin studies", Nature Genetics 47(7), pp. 702~709. (May 2015).

Rebecca Redfern et al., "A novel investigation into migrant and local health-statuses in the past: A case study from Roman Britain", Bioarchaeology International 2(1), pp. 20~43. (2 July 2018).

Noah A. Rosenberg, et al., "Genetic Structure of Human Populations". Science 298(5602), pp. 2381–2385. (20 December 2002).

Noah A. Rosenberg et al., "Interpreting polygenic scores, polygenic adaptation, and human phenotypic differences", Evolution, Medicine, and Public Health 2019(1), pp. 26~34. (2019).

Giuseppe A. Sagnella et al., "A population study of ethnic variations in the angiotensin-converting enzyme I/D polymorphism: Relationships with gender, hypertension and impaired glucose metabolism", Journal of Hypertension 17(5), pp. 657~64. (1999).

R. A. Scott et al., "No association between Angiotensin Converting Enzyme (ACE) gene variation and endurance athlete status in Kenyans", Comparative Biochemistry and Physiology. Part A, Molecular and Integrative Physiology 141(2), pp. 169~75. (June 2005).

R. A. Scott et al., "ACTN3 and ACE genotypes in elite Jamaican and US sprinters", Medicine and Science in Sports and Exercise 42(1), pp. 107~12. (January 2010).

Laure Ségurel et al., "The ABO blood group is a trans-species polymorphism in primates", Proceedings of the National Academy of Sciences 109(45), pp. 18493~18498. (6 November 2012).

Pontus Skogland and David Reich, "A genomic view of the peopling of the Americas", Current Opinion in Genetics & Development' 41, pp. 27~35. (December 2016).

Suzanne Sniekers et al., "Genome-wide association meta-analysis of 78,308 individuals Identifi es new loci and genes influencing human intelligence", Nature Genetics 49(7), pp. 1107–1112. (July 2017).

Sarah A. Tishkoff and Kenneth K. Kldd, "Implications of biogeography of human populations for 'race' and medicine", Nature Genetics 36, S21~S27. (2004).

Lisa Trahan et al., "The Flynn effect: A meta-analysis", Psychological Bulletin 140(5), pp. 1332~1360. (September 2014).

David Veale et al., "Am I normal? A systematic review and construction of nomograms for flaccid and erect penis length and circumference in up to 15,521 men", BJU International 115(6), pp. 978~986. (December 2014).

Nick Webborn et al., "Direct-to-consumer genetic testing for predicting sports performance and talent identification: Consensus statement", British Journal of Sports Medicine 49(23), pp. 1486~1491. (December 2015).

Jelte M. Wicherts et al., "A systematic literature review of the average IQ of sub-Saharan Africans", Intelligence 38(1), pp. 1~20. (January–February 2010).

R. L. Wilber and Y. P. Pitsiladis, "Kenyan and Ethiopian distance runners: What makes them so good?", International Journal of Sports Physiology and Performance 7(2), pp. 92~102. (June 2012).

D. J. Witherspoon et al., "Genetic similarities within and between human populations", Genetics 176(1), pp. 351~359. (May 2007).

색인

인종차별주의자와
대화하는 법